Wildfrüchte

Köstlichkeiten aus der Natur

Wildfrüchte

Köstlichkeiten aus der Natur

landLeben

CADMOS

Hinweis:

Alle in diesem Buch enthaltenen Angaben wurden nach bestem Wissen erstellt und vom Verlag mit größtmöglicher Sorgfalt überprüft. Eine Verantwortung und Haftung für etwaige inhaltliche Unrichtigkeiten kann jedoch nicht übernommen werden.

Impressum:

Gestaltung und Satz: Ravenstein + Partner, Verden
Lektorat: Anneke Bosse

Coverfoto: Ingrid Forster

Fotos im Innenteil: Erhard Brütt (9, 16, 23, 24, 41, 42, 76, 92, 104, 118), André Chales de Beaulieu (2, 18, 28, 31, 35, 45, 68, 73, 79, 86, 87, 89, 90, 95, 97, 101, 111, 113, 123, 125), Ulrike Clever (5), Fotolia (15, 17, 21, 33, 34, 39, 48, 64 oben, 107), Burghard Guthjahr (7, 10, 12, 24, 27, 43, 46, 91, 103, 108, 115, 120), Peter Pretscher (8, 13, 14, 32, 40, 62, 64 unten, 70, 71, 83, 84, 98, 99, 106, 119)

Druck: Westermann Druck, Zwickau

Deutsche Nationalbibliothek – CIP-Einheitsaufnahme
Die Deutsche Nationalbibliothek verzeichnet diese Publikation in der Deutschen Nationalbibliografie; detaillierte bibliografische Daten sind im Internet über http://dnb.ddb.de abrufbar.

Printed in Germany

ISBN: 978-3-8404-3510-2

Wildfrüchte
Köstlichkeiten aus der Natur

„Mein Garten ist die Natur."

Seit meiner frühen Jugendzeit bin ich mit dem Sammeln von Wildfrüchten, Blüten und Kräutern vertraut. Angefangen hat alles in der Kindheit beim Kühehüten, da hatte ich Zeit und Muße zum Blumenpflücken. Aus Wiesenblumen und Blüten von Sträuchern habe ich Kränze und Girlanden geflochten, mit denen ich die Tiere fein herausputzte, bevor sie abends den Heimweg antraten. Seitdem entdecke ich die Schatzkammer der Natur immer wieder neu und nutze sie für meine Küche und Naturapotheke.
Bei Exkursionen und Veranstaltungen, die ich seit Jahren mit Gruppen durchführe, lernen die Teilnehmer die heimische Natur und ihre Schöpfungsvielfalt kennen und schätzen. Dabei weitet sich der Blick für ökologische Zusammenhänge.
Mit diesem Buch möchte ich einladen zu einer „Schatzsuche", denn vieles schlummert im Verborgenen. Begeben wir uns auf eine Wanderung durch Wald und Flur. Dort wachsen Früchte, die Augen und Gaumen erfreuen und die unsere Vorfahren schon gesammelt und als Nahrung oder Heilmittel genutzt haben. Selbst wer diese Möglichkeit nicht hat, kann Wildobstgehölze im eigenen Garten anpflanzen oder saisonal Strauchobst wie zum Beispiel Himbeeren, Brombeeren und Heidelbeeren auf dem Wochenmarkt kaufen.
Bei der Ernte geht es nicht um große Mengen, denn Beeren, Blüten und Baumfrüchte sind absolute Raritäten, aus denen Köstlichkeiten ohne künstliche Aroma- und Farbstoffe kreiert werden können, die in dieser Qualität die Lebensmittelindustrie nicht bieten kann.
Selbst gemachte Konfitüren, Gelees, Chutneys, Desserts und Liköre enthalten feinstes natürliches Aroma und wertvolle Pflanzeninhaltsstoffe – echte Gourmetqualität!
Dieses Buch liefert viel Wissenswertes über die Pflanzen und gute Rezepte, die praxiserprobt und einfach in der Zubereitung sind. Lassen Sie sich überraschen und genießen Sie Natur vom Feinsten!

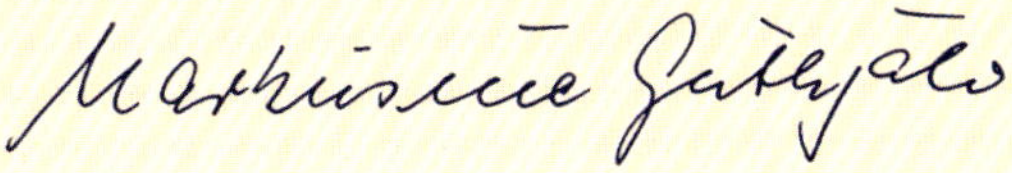

Markusine Guthjahr, Königstein (Bayern)

Inhalt

Aus der Schatzkammer der Natur

Frühling: Zeit des Entdeckens

Die Natur beschenkt uns im Lauf des Jahres nicht nur mit vielen Wildkräutern, sondern auch mit Wildfrüchten. Sie birgt einen großen Pflanzenreichtum, den es wieder zu entdecken gilt.
Unsere Vorfahren nutzten jahrhundertelang diese Schatzkammer und sammelten Wildfrüchte für ihre Nahrung und als häusliche Medizin. Viele köstliche Speisen und Getränke lassen sich daraus zubereiten. Wildfrüchte beeindrucken nicht nur durch ihre leuchtenden Farben, sie können durch ihr ausgeprägtes Aroma auch unübertreffliche Geschmackserlebnisse vermitteln. Außerdem liefern sie wertvolle Vitamine, Mineralstoffe und sekundäre Pflanzenstoffe, die von großer gesundheitlicher Bedeutung sind!
Vom zeitigen Frühjahr, wenn sich die ersten Blüten an den Schlehenhecken zeigen, bis in den November hinein, wenn die letzten frostgereiften Beeren gepflückt werden, kommen Entdecker und Sammler auf ihre Kosten.
Nicht die Masse macht es, sondern die Klasse! Kleine, aber feine Spezereien, kombiniert mit verschiedenen Gewürzen, lassen das Herz eines jeden Gourmets höherschlagen. Besonders Wildfrüchte mit herbem Aroma, zum Beispiel die Eberesche, sind eine Herausforderung, doch die Mühe lohnt sich: Man kann neue, ungewöhnliche Rezepte kreieren.

Wildfrüchte sammeln mit Zeit und Muße

Das Sammeln von Wildfrüchten gleicht einer Schatzsuche, denn vieles wächst im Verborgenen. Entdeckerfreude und das Verantwortungsgefühl für die Natur werden gleichermaßen gefördert. Der Blick weitet sich für die Schönheit der Landschaft, für die Schöpfungsvielfalt und die ökologischen Zusammenhänge.

Verwechslungsgefahr beachten

Idyllische Waldspaziergänge sollten aber nicht darüber hinwegtäuschen, dass auch Gefahren lauern! Gerade wenn wir mit Kindern unterwegs sind, sollten wir auf Verwechslungsmöglichkeiten hinweisen. Beeren, egal ob giftig oder essbar, haben für Kinder durch die leuchtenden Farben und den Glanz einen besonderen Reiz.
Oft wachsen essbare und giftige Beeren dicht beieinander, zum Beispiel die Brombeere neben der tödlich wirkenden Tollkirsche. Selbst wenn Vögel die Tollkirschen fressen können, ohne Schaden zu nehmen, sollte das nicht über die Giftigkeit für Menschen hinwegtäuschen.
Man darf nur Beeren sammeln, die man genau kennt. Ein gutes Bestimmungsbuch mit realen Fotos und Pflanzenporträts kann hilfreich sein. Noch besser ist es, eine Pflanzenexkursion mit einem Experten oder einer Expertin zu machen.

Natur schonen und schützen

Beim Sammeln von Blüten und Früchten sollte man immer darauf bedacht sein, dass man nicht der ehrgeizige Nutznießer der Natur ist. Nur so viel sammeln, wie man wirklich braucht, und immer etwas zurücklassen, denn Hecken und Sträucher sind in erster Linie die „Speisekammer“ für Vögel, Haarwildtiere und Kleinlebewesen.
Schonend sammeln heißt: Niemals Äste abbrechen oder Erntekämme bei Preiselbeeren oder Heidelbeeren verwenden, weil damit auch die Blätter der Pflanzen abgerissen werden.
Bei der Sanddornernte niemals die Zweige abschneiden. Der Sanddorn wächst langsam, er trägt am mehrjährigen Holz. Sanddornbeeren immer mit der Schere am Stiel abschneiden und in ein Gefäß fallen lassen.

Standorte sorgfältig auswählen

Saubere Sammelplätze bevorzugen, fernab von Straßen, Industrieanlagen und landwirtschaftlich intensiv genutzten Flächen. Zu beachten ist auch die Gefahr der Fuchsbandwurminfektion in den Wäldern. Daher nicht in der Nähe von Baumstümpfen oder an erhöhten Stellen sammeln, hier markiert der Fuchs sehr gern oder setzt seine Exkremente (Losung) ab. Ferner die Früchte unter fließendem Wasser mehrfach waschen, selbst wenn damit ein leichter Aromaverlust verbunden ist. Wer ganz sichergehen will, der sollte die Waldfrüchte auf 80 Grad Celsius erhitzen.

Wer Platz im eigenen Garten hat, kann sich eine Wildstrauchhecke anlegen oder zum Beispiel den Gartenzaun mit Brombeerranken begrünen. So bietet sich die Ernte vor der Haustür an und gleichzeitig schafft man für Vögel und Kleintiere Lebensraum, der in unserer Kulturlandschaft vielfach verloren gegangen ist.

Sammeln – wann und wie?

Der beste Zeitpunkt zum Sammeln ist der späte Vormittag oder der Nachmittag, wenn der Tau abgetrocknet ist, dann schimmeln die Früchte nicht so leicht. Die Früchte sollten voll ausgereift sein. Nur tadellose Beeren sammeln ohne Druck- und Schadstellen.

Zum Sammeln von Blüten und Früchten verwendet man einen Korb und für Weichobst wie Erdbeeren und Himbeeren einen kleinen Eimer. Niemals Plastiktüten verwenden, da sonst das Erntegut leicht schwitzt.

Beim Ernten von Schlehen, Hagebutten und Brombeeren robuste Kleidung und Handschuhe anziehen, damit man sich an den Stacheln und Dornen nicht verletzt.

Sommer und Herbst: Zeit der Ernte und Verarbeitung

Für die Vorratshaltung eignen sich nur tadellose Früchte. Strauchobst wie Hagebutten, Schlehen und Weißdorn kann einige Tage Liegezeit vertragen, wenn es kühl gelagert wird. Weichobst hingegen wie Erdbeeren, Himbeeren und Brombeeren sollte möglichst innerhalb von 24 Stunden verarbeitet werden, weil die Früchte leicht saften und sich Schimmel bilden kann.

Einfrieren

Hat man wenig Zeit, kann man diese Früchte zunächst einfrieren, um später dann aus ihnen Marmelade oder Gelee zu kochen.
Nach dem Verlesen der Beeren werden sie mit kaltem Wasser abgebraust und auf trockenen Küchentüchern ausgebreitet. Anschließend kann man sie gezuckert oder ungezuckert einfrieren (auf 500 Gramm Erdbeeren nimmt man 50 bis 100 Gramm Zucker).
Weiche Früchte werden nach dem Auftauen matschig, darum am besten im halb gefrorenen Zustand pürieren und zu Mixmilch, Dessert oder zur Marmeladeherstellung verwenden.
Beeren für einen Kuchenbelag werden vor dem Einfrieren auf einem Kuchenblech lose verteilt, vorgefrostet und dann erst zum Einfrieren verpackt, so verklumpen sie nicht. Später können sie portionsweise aus dem Gefrierbehälter entnommen und auf dem Kuchenboden arrangiert werden, um sie dann mit Tortenguss zu überziehen.
Bei der Tiefkühllagerung bleiben Aromastoff, Geschmack, Vitamine und Mineralstoffe weitgehend erhalten.

Vorräte im Glas

Soll aus frischen Früchten Marmelade oder Gelee hergestellt werden, ist Gelierzucker erforderlich, er hat auch eine haltbarmachende Wirkung.
Es gibt als Alternative pflanzliche Dickungsmittel wie Apfelpektin, Bio-Bin oder Agar-Agar, die zwar für eine feste Konsistenz sorgen, aber keinen Einfluss auf die Haltbarkeit haben. Wenn erwünscht, kann man mit natürlicher Süße kombinieren, zum Beispiel mit Honig, Apfel- oder Birnendicksaft oder Fruchtzucker (Diabetiker-geeignet).

Bei der Konservierung im Glas sollte auf äußerste Hygiene geachtet werden. Geräte, Topf und Kochlöffel müssen sauber und geruchsfrei sein und dürfen nur für diesen Zweck benutzt werden.
Gläser mit Twist-off-Deckeln eignen sich gut für Marmeladen, Gelees oder Chutneys und sind einfach in der Handhabung. Fast alle Gläser im Handel für Konfitüren, Konserven und vieles mehr sind mit Twist-off-Deckeln versehen. Solche Gläser können wiederverwendet werden: Man löst die alten Etiketten ab, spült die Gläser heiß, möglichst in der Spülmaschine, und prüft, ob sie einwandfrei schließen. Dazu Wasser einfüllen, zuschrauben und auf den Kopf stellen. Tritt kein Wasser aus, sind die Gläser dicht.
Bevor die sehr heiße Fruchtzubereitung eingefüllt wird, zum Sterilisieren zwei bis drei Esslöffel Alkohol in das Glas geben, zuschrauben, schütteln und so jedes weitere Glas behandeln. Der Alkohol kann mehrfach verwendet werden. Dann die Gläser auf ein feuchtes Tuch stellen.
Beim Einfüllen von Marmelade, Gelee oder Chutney einen Trichter nehmen, damit der Glasrand sauber bleibt. Das Glas randvoll füllen und sofort zuschrauben. Durch das allmähliche Erkalten der Fruchtmasse entsteht ein Vakuum im Glas, das vor dem Verderben schützt.
Zum Aromatisieren von Wildfrüchten eignen sich folgende Gewürze: Vanille, Zimt, Ingwer, Nelken und Kardamom für die süße Variante. Für süßsaure Chutneys können auch Pfeffer, Chili, Senf und andere scharfe Gewürze genommen werden.
In den folgenden Kapiteln werden die wichtigsten heimischen Wildfrüchte und auch ihre speziellen Verarbeitungsmöglichkeiten vorgestellt.

Sofern nicht anders angegeben, sind die Mengenangaben in den Rezepten für vier Portionen berechnet.

Die wichtigsten Abkürzungen und Maßeinheiten

abger.	abgerieben	gestr.	gestrichen	Msp.	Messerspitze
Bd.	Bund	getr.	getrocknet	Pck.	Päckchen
EL	Esslöffel	gr.	groß	Pr.	Prise
g	Gramm	kg	Kilogramm	TL	Teelöffel
geh.	gehäuft	kl.	klein	unbeh.	unbehandelt
gem.	gemahlen	l	Liter		
ger.	gerieben	ml	Milliliter		

Wildfrüchte und Blüten vom Baum und Strauch

Brombeere – die schöne Schwarze

Den wilden stacheligen Brombeerstrauch finden wir an Waldrändern, Wegböschungen, auf Kahlschlägen und an sonnigen Hängen. Er wächst in der Ebene, aber auch in Bergregionen.

Kurzinfo

Botanischer Name:	*Rubus fruticosus*
Herkunft:	Europa
Verbreitung:	Europa, Amerika, Asien
Standort:	Waldränder, Lichtungen, Böschungen, Hecken, Gärten und Parkanlagen; bevorzugt sonnige Lage
Familie:	Rosengewächse (Rosaceae)
Blütezeit:	hauptsächlich Mai bis Juni, oft länger
Höhe:	2 bis 5 Meter
Sammelgut und -zeit:	junge Blätter, Früchte: August bis Oktober
Inhaltsstoffe:	
Blätter:	Gerbstoffe, organische Säuren, Flavone, ätherische Öle, Pektine
Früchte:	Vitamin A, C, E, Mineralstoffe, besonders Kalzium, Kalium, Phosphor, Magnesium, Phenolsäuren, zum Beispiel Ellagsäure
Volksnamen:	Kroatzbeere, Feldschwarzbeere, Schwarze Hausbeere, Hirschbollen, Multbeere, Brennbeere

Die Brombeere gehört zur Familie der Rosengewächse (Rosaceae). Die Früchte der bis zu 150 Unterarten sind hinsichtlich Größe, Farbe und Aroma sehr unterschiedlich. Brombeersträucher haben keine einheitliche Blütezeit. Nicht selten entdeckt man sowohl Blüten als auch grüne und reife Früchte zeitgleich an einem Busch. Die Blätter sind eiförmig und gezackt und ihre Unterseite ist behaart. Es ist ein Strauch voller Stacheln, selbst die Blattstiele sind stachelig besetzt.
Ab Ende Juli reifen die Früchte. Erst sind sie rot, in der Vollreife glänzen sie blauviolett und verlocken zum Naschen. Aber Vorsicht! Beim Ernten Handschuhe anziehen, denn die Stacheln hinterlassen schmerzhafte Spuren!
Mitte des 19. Jahrhunderts hielt die Brombeere Einzug in Obst- und Bauerngärten. Heute gibt es eine Vielzahl verschiedener Sorten in Baumschulen und Spezialgärtnereien und sogar stachelfreie Gartenbrombeeren. Die Kulturarten sind vielleicht nicht so aromatisch wie die Wildform, dafür sind sie aber ertragreicher und leichter zu ernten.
Die Brombeere ist eine Sammelfrucht, zusammengesetzt aus vielen Steinfrüchtchen, die alle einen winzigen Samen in sich bergen.

Wirkung

Schon zu Zeiten des Hippokrates (400 v. Chr.) wurden Brombeeren medizinisch genutzt. Der Gerbstoff in den Brombeerblättern wirkt adstringierend (zusammenziehend) und entzündungshemmend.
Brombeerblättertee ist gut gegen Durchfall und Magen-Darm-Katarrh und kann auch zum Gurgeln bei Hals- und Zahnfleischentzündungen verwendet werden. Brombeerblätter eignen sich als Grundlage für verschiedene Hausteemischungen.
Die Früchte der Brombeere sind sehr wertvoll. Sie enthalten nicht nur zahlreiche Vitamine und Mineralstoffe, sondern auch bioaktive Pflanzenstoffe, wie beispielsweise Phenolsäuren, die eine gesundheitsfördernde Wirkung haben und unserem Körper einen besonderen Zellschutz bieten. Als krebshemmend gilt zum Beispiel die Ellagsäure. Brombeeren stärken die allgemeinen Abwehrkräfte, besonders wenn sie frisch gegessen werden.

Ernte und Verarbeitung

Junge zarte Brombeerblätter pflückt man im späten Frühjahr an den frischen Trieben. Die Blätter werden gleich nach dem Sammeln getrocknet. Hierzu werden sie am besten auf einem stoffbespannten Holzrahmen ausgelegt und in einen luftigen Raum gestellt. Ab Ende Juli reifen die aromatischen Früchte, aber ernten sollte man sie erst, wenn sie voll ausgereift sind.
Die Früchte sehr gründlich unter fließendem Wasser waschen, besonders wenn Brombeeren im Wald oder am Waldrand gesammelt wurden.

Tipp

Brombeeren lose auf ein Blech legen, vorfrosten, erst dann in Gefrierbehälter füllen und einfrieren. So frieren sie nicht zu einem Klumpen und können nach Bedarf später einzeln entnommen werden. Lagerzeit höchstens zwölf Monate.

Rezepte aus Brombeerblättern und -früchten

Frische Früchte schmecken köstlich mit Schlagsahne, in Quarkspeisen, Obstsalat und Frühstücksmüsli oder auf Obstkuchen. Man kann aus Brombeeren Suppe, Kaltschale, Saft, Marmelade, Gelee oder Likör herstellen. Auch zum Einfrieren eignen sie sich gut.

Alte Volksweisheit zu Brombeeren:

„Im Juli warmer Sonnenschein macht alle Früchte reif und fein."

Brombeerblättertee

Zutaten:

1 geh. TL getrocknete Brombeerblätter
$^{1}/_{8}$ l kochendes Wasser

Zubereitung:

① Die Brombeerblätter mit kochendem Wasser übergießen.
② 10 bis 15 Minuten ziehen lassen.
③ Nach Belieben Zitronensaft oder Honig zugeben.

➧ Bei leichtem Durchfall mehrmals täglich eine Tasse Tee trinken, aber pur, ohne Zusatz. Zum Gurgeln bei Halsschmerzen oder Zahnfleischentzündung ebenfalls den Tee nur pur verwenden.

Hausteemischung

Zutaten:

10 g Brombeerblätter
10 g Erdbeerblätter
10 g Himbeerblätter
10 g Hagebuttenfrüchte

Zubereitung:

① Blätter und Früchte mischen.
② Einen gehäuften Teelöffel der Mischung mit 150 ml kochendem Wasser übergießen.
③ 10 bis 15 Minuten ziehen lassen.
④ Nach Belieben Zitronensaft oder Honig zugeben.

➧ Die Teemischung kann nach Belieben verändert werden. So können zum Beispiel Lindenblüten, Holunderblüten oder getrocknete Apfelschalen untergemischt werden.

Brombeersaftkonzentrat

Zubereitung:

① Brombeeren waschen und verlesen.
② Brombeeren mit Wasser übergießen und 5 Minuten kochen lassen.
③ Die Früchte mit der gesamten Flüssigkeit durch ein Sieb passieren.
④ Das Brombeerkonzentrat mit Zucker mischen und nochmals 5 bis 10 Minuten kochen lassen.
⑤ Sofort heiß in saubere Twist-off-Gläser füllen und verschließen.

Zutaten:

1 kg Brombeeren
300 ml Wasser
100 g Zucker

➧ Das Brombeersaftkonzentrat eignet sich zur Herstellung von Getränken und kann auch als Beigabe zu Brei- und Mehlspeisen verwendet werden.

➧ Brombeersaftkonzentrat ist gut gegen Heiserkeit und zur Pflege der Stimme: Mehrmals täglich schluckweise trinken oder mit dem leicht erwärmten Konzentrat gurgeln.

Brombeercocktail

Zubereitung:

① Brombeersaft, Milch, Honig und Eigelb in den Mixer geben und schlagen.
② In Gläsern mit Eiswürfeln servieren.

Zutaten:

200 ml Brombeersaft
400 ml Vollmilch
1 EL Honig
2 Eigelb
Eiswürfel

Brombeermixmilch

Zubereitung:

① Den Brombeersaft mit Zucker und Milch in ein Gefäß geben und gut verrühren.
② Mit Eiswürfeln servieren.

Zutaten:

200 ml Brombeersaft
Zucker nach Geschmack
600 ml Vollmilch
Eiswürfel

Tipp

Nach Belieben kann auf die Creme auch Schlagsahne gespritzt werden.

Brombeer-Quark-Sahne-Creme

Zutaten:

500 g Brombeeren
3–4 Blatt weiße Gelatine
1 frisches Eigelb
80–100 g Zucker
1 Pck. Vanillezucker
$^1/_4$ l Milch
300 g Magerquark
2 EL heißes Wasser zum Auflösen der Gelatine
250 g Schlagsahne

Zubereitung:

① Die Brombeeren verlesen, waschen und gut abtropfen lassen.
② Nach Belieben in eine Schüssel geben und leicht einzuckern.
③ Die Gelatine mindestens 10 Minuten im kalten Wasser einweichen.
④ Das Eigelb mit Zucker und Vanillezucker mit einem elektrischen Handrührgerät schaumig schlagen.
⑤ Abwechselnd Milch und Quark zugeben. Die Masse muss locker und schaumig sein.
⑥ Die eingeweichte Gelatine mit heißem Wasser anrühren und auflösen.
⑦ Lauwarm unter die schaumige Quarkmasse schlagen und kalt stellen.
⑧ Die Sahne steif schlagen.
⑨ Sobald die Quarkspeise deutlich zu steifen beginnt, die Schlagsahne unterziehen.

10. Die Brombeeren schichtweise mit der Quark-Sahne-Masse in eine dekorative Glasschüssel füllen. Einige Brombeeren zum Dekorieren zurücklegen.
11. Die Brombeer-Quark-Sahne-Creme kalt stellen, damit sie steif wird.
12. Vor dem Servieren garnieren.

Tipp

Für diese Speise können auch tiefgefrorene oder eingemachte Brombeeren genommen werden. Auch andere Beeren sind geeignet, zum Beispiel Himbeeren oder Erdbeeren.

Brombeerlikör

Zubereitung:

1. Die Beeren waschen und gut abtropfen lassen.
2. In eine weithalsige Flasche füllen.
3. Kandis, Zimtstange, Ingwer und Nelken zufügen und mit dem Korn übergießen.
4. Den Likör 6 bis 8 Wochen stehen lassen.
5. Dann in eine Karaffe filtern und nochmals einige Wochen ruhen lassen.

Zutaten:

250 g reife Brombeeren
125 g weißer Kandis
$^{1}/_{2}$ Zimtstange
1 kl. Stück Ingwer
2 Nelken
$^{3}/_{4}$ l Korn (38 %)

Brombeer-Sahne-Becher

Zubereitung:

1. Die Brombeeren verlesen, sorgfältig waschen und gut abtropfen lassen.
2. Die Früchte in Gläser füllen und mit Zucker bestreuen, dabei eine Handvoll Brombeeren zum Verzieren zurücklassen.
3. Die Sahne mit Vanillezucker steif schlagen und mit dem Spritzbeutel auf die Brombeeren spritzen.
4. Mit den restlichen Brombeeren die Sahne verzieren und sofort servieren.

Tipp

Zu diesem schnellen Rezept kann man Waffelgebäck reichen.

Zutaten:

500 g Brombeeren
2 EL Zucker
250 g Sahne
1 Pck. Vanillezucker

Brombeersuppe mit Schwemmklößchen

Tipp
Diese Fruchtsuppe kann abgekühlt auch als Kaltschale gereicht werden.

Zutaten:

$1\,^1/_4$ l Wasser
50–80 g Zucker
$^1/_4$ Vanilleschote
2 EL Stärkemehl
Saft von 1 Zitrone
Schwemmklößchen zum Garnieren

Tipp
Anstelle der Schwemmklößchen kann auch mit Schlagsahne garniert werden.

Zubereitung:

① Die Brombeeren verlesen, sorgfältig waschen und gut abtropfen lassen.
② Die Brombeeren mit dem Wasser in einem Topf zum Kochen bringen und bei schwacher Hitze 10 bis 15 Minuten köcheln lassen.
③ Die gekochten Brombeeren durch ein Sieb (Flotte Lotte) rühren.
④ Das durchgerührte Brombeermark mit dem Zucker und der Vanilleschote erneut zum Kochen bringen.
⑤ Das Stärkemehl mit $^1/_2$ Tasse kaltem Wasser in einem Schüttelbecher verschütteln. Mit einem Schneebesen langsam in die heiße Brombeersuppe rühren, kurz aufkochen lassen.
⑥ Die Vanilleschote entfernen, die Suppe mit Zitronensaft abschmecken und bei Bedarf Zucker zugeben.
⑦ Nach Belieben mit Schwemmklößchen anrichten.

Schwemmklößchen zur Brombeersuppe

Tipp
Schwemmklößchen eignen sich auch für Fruchtsuppen von Holunderbeeren, Heidelbeeren, Erdbeeren und Hagebutten!

Zutaten:

60 g Mehl (Type 1050)
$^1/_8$ l Milch
30 g Butter
1 TL Zucker
1 Pr. Salz
1 Ei

Zubereitung:

① Das Mehl sieben.
② Milch, Butter, Zucker und Salz in einem engen Topf zum Kochen bringen.
③ Sobald die Milch stark kocht, den Topf von der Kochstelle nehmen.

④ Sofort das gesiebte Mehl auf einmal in die kochend heiße Flüssigkeit schütten und kräftig umrühren.
⑤ Den Topf wieder auf die heiße Herdplatte stellen.
⑥ Weiterrühren, bis sich die Teigmasse als glatter Kloß vom Topf löst. Am Topfboden muss sich eine weiße Haut bilden.
⑦ Den heißen Teig sofort in eine Schüssel geben.
⑧ Das Ei in einem Becher aufschlagen und mit einer Gabel verquirlen.
⑨ Das Ei nach und nach gut unter den Teig rühren. Der Teig muss glatt und glänzend aussehen.
⑩ Den Teig abkühlen lassen.
⑪ In einem Topf Wasser zum Kochen bringen.
⑫ Mit zwei nassen Löffeln kleine Klößchen vom Teig abstechen und in das kochende Wasser geben. 5 Minuten ziehen lassen.
⑬ Die Klößchen mit dem Schaumlöffel aus dem Wasser nehmen und auf die Fruchtsuppe oder Kaltschale geben.

Brombeermarmelade mit Schuss

Zutaten:

500 g Brombeeren
500 g Äpfel
Saft von 1 Zitrone
1 kg Gelierzucker
2 cl Brombeerlikör (nach Belieben)

Zubereitung:

① Die Brombeeren verlesen, waschen und gut abtropfen lassen.
② Die Äpfel schälen und klein schneiden.
③ Brombeeren und Äpfel mit Zitronensaft zum Kochen bringen, dabei umrühren.
④ Sobald sie weich sind, mit einem Kartoffelstampfer zermusen oder mit dem Mixstab pürieren.
⑤ Den Gelierzucker zugeben, 4 Minuten sprudelnd kochen lassen und eventuell abschäumen.
⑥ Nach Belieben ein Gläschen Brombeerlikör zugeben.
⑦ Heiß in vorbereitete Twist-off-Gläser füllen, verschließen und beschriften.

Vanillenockerln mit Brombeersoße

Zutaten:

4 Blatt weiße Gelatine
2 Eigelb
50 g Zucker
300 ml Milch
Mark von 1 Vanilleschote
200 g Sahne

Für die Soße:
300 g Brombeeren
50 g Zucker
2 cl Brombeerlikör
(nach Belieben)

Zubereitung:

① Die Gelatine in kaltem Wasser einweichen.
② Eigelb und Zucker im Topf mit dem Schneebesen cremig schlagen.
③ Milch und Vanillemark zugeben, erhitzen und bis kurz vor dem Siedepunkt ständig rühren.
④ Die ausgedrückte Gelatine zufügen und rühren, bis sie aufgelöst ist.
⑤ Die Creme kühl stellen, bis sie fest zu werden beginnt.
⑥ Die Sahne steif schlagen, unter die Creme heben und kalt stellen.
⑦ Für die Soße die Brombeeren mit dem Zucker pürieren und nach Belieben mit Brombeerlikör abschmecken.
⑧ Auf Dessertteller einen Soßenspiegel gießen.
⑨ Mit einem Suppenlöffel Nockerln von der Creme abstechen und auf die Soße legen.

Brombeerkaltschale mit Birnen

Zutaten:

400 g Birnen
1 l Wasser
50–60 g Zucker
30–40 g Stärkemehl
Saft von 1 Zitrone
300 g Brombeeren

Zubereitung:

① Die Birnen waschen, schälen und in Würfel schneiden.
② Das Wasser mit dem Zucker und den Birnen weich kochen.
③ Stärkemehl mit $^1/_2$ Tasse kaltem Wasser anrühren. Die Suppe damit binden.
④ Zitronensaft zufügen und mit Zucker abschmecken.
⑤ Die Brombeeren verlesen, waschen und in die Suppe geben.
⑥ Bis zum Servieren kalt stellen.

Eberesche – Liebling der Vögel

Die Eberesche (Vogelbeere) wächst überall in Europa. Wir finden sie bevorzugt an Waldrändern, in lichten Laubwäldern oder als Kulturpflanze in Gärten und Parkanlagen.

Kurzinfo

Botanischer Name:	*Sorbus aucuparia*
Herkunft:	unklar
Verbreitung:	Europa, Westsibirien, Asien
Standort:	Waldrand, lichte Berge und Laubwälder, Kulturform in Gärten und Parkanlagen
Familie:	Rosengewächse (Rosaceae)
Blütezeit:	Mai bis Juni
Höhe:	bis 15 Meter
Sammelgut und -zeit:	Früchte: September bis November
Inhaltsstoffe:	Bitterstoff, Gerbstoff, ätherisches Öl, Carotinoide, organische Säuren, viel Vitamin C, Sorbit, Spuren von Blausäure (die erst durch Hitzeeinwirkung beim Kochen zerstört wird)
Volksnamen:	Vogelbeere, Amselbeere, Drosselbeere, Kronawetterbeere

Die zur Familie der Rosengewächse gehörende Eberesche kann als Baum eine beachtliche Höhe von bis zu 15 Metern erreichen. Ihre Blätter sind schmal gefiedert und gezähnt, im Herbst werden sie gelb bis tiefrot und verleihen dem Baum eine besondere Schönheit. Im Mai bis Juni entwickeln sich die schirmartig krautigen Blütenstände mit weißen Blüten. Im Lauf des Sommers reifen die leuchtend roten Beerenfrüchte, sie schmecken säuerlich herb und können ab September/Oktober geerntet werden. Für den Rohverzehr sind sie nicht geeignet, aber für die weitere Verarbeitung zu Mus, Konfitüre, Likör und Gelee.
Die verwandte Mährische Eberesche (Sorbus aucuparia var edulis) sollte bevorzugt werden, denn sie liefert große und weniger herbe Früchte. Diese Sorte ist in Baumschulen erhältlich.
In ländlichen Gegenden war es Brauch, Zweige und Früchte der Eberesche über die Tür zu hängen, um vor Gewitter geschützt zu werden. Die Eberesche war dem Gewittergott Donar (oder Thor) geweiht.

Wirkung

Die Früchte der Eberesche sind reich an Vitamin C und stärken die körpereigenen Abwehrkräfte. Aufgrund des Gerbstoffgehalts haben sie eine adstringierende (zusammenziehende) Wirkung.
Im gekochten Zustand, zum Beispiel als Mus, helfen Ebereschenbeeren bei Durchfall und Magenverstimmung. Sie wirken verdauungsfördernd und harntreibend. Im rohen Zustand sind die Beeren gallebitter und eignen sich wegen des Blausäuregehalts nicht zum Verzehr.

Ernte und Verarbeitung

Ab August reifen die Früchte; gesammelt werden die vollreifen Beeren möglichst, wenn sie den ersten Frost bekommen haben, weil sie dann nicht mehr so herb und bitter schmecken.
Man schneidet die ganzen Fruchtstände und zupft dann die Beeren ab. Oftmals sind die Beeren schon von den Vögeln „geerntet“, bevor der erste Frost kommt, deshalb empfiehlt es sich, die Beeren rechtzeitig zu pflücken und vor der weiteren Verarbeitung einzufrieren.

Ebereschenfrüchte eignen sich zur Herstellung von Gelee, Kompott, Mus (Marmelade) und Likör. In Mischungen mit Äpfeln oder Birnen ist der Geschmack milder. Getrocknet können die Beeren zum Würzen von fetten, schwer verdaulichen Speisen verwendet werden. Sie machen das Essen bekömmlicher.

Rezepte aus Ebereschen

Ebereschenmus

Zutaten:

1 kg reife Ebereschen
Wasser nach Bedarf
Zucker nach Bedarf
1/2 Zimtstange
1/8 l Weißwein

Zubereitung:

① Die Beeren verlesen, waschen und abtropfen lassen.
② In einen Topf geben, mit Wasser bedecken und weich kochen.
③ Durch ein Sieb rühren.
④ Das Mus abwiegen, die gleiche Menge Zucker und die halbe Zimtstange zugeben.
⑤ Den Wein mit dem Mus verrühren.
⑥ Das Mus dick kochen, anschließend die Zimtstange entfernen.
⑦ In saubere, heiß ausgespülte Twist-off-Gläser füllen, sofort verschließen.

Ebereschensaft

Zutaten:

2 kg Ebereschen
1 l Wasser

Zubereitung:

① Die gewaschenen Ebereschen in einen Topf geben.
② Mit dem Wasser übergießen und weich kochen.
③ Durch ein Sieb passieren.
④ Den Saft noch einmal kurz zum Kochen bringen.
⑤ Sofort heiß in Twist-off-Gläser füllen und verschließen.

Tipp

Größere Mengen können auch mit dem Dampfentsafter gewonnen werden. Dieser Saft kann weiterverarbeitet werden, zum Beispiel zu Gelee.

Ebereschengelee

Zutaten:

$^{1}/_{4}$ l Ebereschensaft
$^{3}/_{4}$ l Apfelsaft
Saft von 1 Zitrone
1 kg Gelierzucker

Zubereitung:

① Ebereschensaft, Apfelsaft und Zitronensaft in einen Topf geben.
② Den Gelierzucker einrühren und das Gelee nach Packungsangabe sprudelnd kochen.
③ In saubere Twist-off-Gläser füllen und sofort verschließen.

➧ Dieser aromatische Brotaufstrich kann auch mit ganzen Früchten zubereitet werden. Dazu nimmt man statt Ebereschensaft 100 Gramm Früchte, die man im Apfelsaft weich kocht. Sie werden weiterverarbeitet wie Ebereschengelee. Diese Variation schmeckt sehr gut als Beilage zu Wildgerichten.

Ebereschenkompott

Zutaten:

100 g Ebereschen
500 g Äpfel oder Birnen
Zucker nach Geschmack
$^{1}/_{4}$ TL Zimt
$^{1}/_{4}$ TL Nelken
3 cl Apfel- oder Birnenschnaps zum Abschmecken

Zubereitung:

① Die Ebereschen verlesen, waschen, abtropfen lassen.
② Die Äpfel oder Birnen waschen, schälen, die Kerngehäuse entfernen und die Früchte in Stücke schneiden.
③ Alle Früchte in einen Topf geben, mit Wasser bedecken und weich kochen.
④ Die Früchte durch ein Sieb (Flotte Lotte) passieren.
⑤ Die Fruchtmasse mit Zucker, Zimt und Nelken abschmecken und nach Belieben ein Gläschen Obstler unterrühren.

➧ Dieses Kompott hat eine sehr schöne leuchtende Farbe und eignet sich als Beigabe zu Süßspeisen, Pfannkuchen oder Fleischgerichten anstelle von Preiselbeeren.

Ebereschen-Holunder-Marmelade

Zubereitung:

① Die Ebereschen und Holunderbeeren waschen und von den Stielen zupfen.
② Die Birnen schälen und klein schneiden.
③ Die Früchte in einen Topf geben und unter Rühren weich kochen.
④ Mit dem Mixstab pürieren oder mit einem Kartoffelstampfer zermusen.
⑤ Zitronensaft, Zimt und Holunderblütenlikör zugeben.
⑥ Die Menge abmessen und die gleiche Menge Gelierzucker zugeben.
⑦ Nach Packungsanleitung kochen.
⑧ Sofort heiß in saubere Twist-off-Gläser füllen und verschließen.

Zutaten:

200 g Ebereschen
400 g Holunderbeeren
400 g Birnen (sehr reif)
Saft von 1 Zitrone
1 Msp. Zimt
2 cl Holunderblütenlikör
1 kg Gelierzucker

Ebereschen-likör

Zubereitung:

① Die Ebereschen verlesen, waschen und auf ein Tuch legen, bis sie trocken sind.
② Den Kardamomsamen aus den Kapseln nehmen und im Mörser zerstoßen.
③ Die Vanillestange der Länge nach aufschlitzen.
④ Beeren, Kandis und Gewürze in ein großes Glas oder eine Flasche geben und mit Weinbrand begießen.
⑤ Das Glas/die Flasche verschließen, 4 bis 6 Wochen auf die sonnige Fensterbank stellen.
⑥ Den Ansatz filtern und in eine dekorative Flasche füllen.

Zutaten:

200 g reife Ebereschen
5 Kardamomkapseln
1 Vanilleschote
100–150 g Kandis
$^3/_4$ l Weinbrand

Tipp

Eignet sich als herb-pikante Beilage für Fleischgerichte, Geflügel und Wild.

Ebereschenchutney

Zutaten:

200 g reife Ebereschen
3 gr. Äpfel (milde Sorte)
1 Gemüsezwiebel
$^1/_8$ l Weißwein
200 g Zucker
1 Pr. Cayennepfeffer
$^1/_2$ Zimtstange
1 TL Senfkörner

Zubereitung:

① Die Ebereschen entstielen, waschen, trocken tupfen.
② Die Äpfel waschen, schälen und klein schneiden.
③ Die Zwiebel schälen und würfeln.
④ Alles in einen Topf geben. Wein, Zucker, Cayennepfeffer, Zimt und Senfkörner hinzufügen.
⑤ Weich kochen, dabei umrühren, damit nichts anbrennt.
⑥ Die Zimtstange entfernen.
⑦ Das Chutney mit dem Mixer pürieren oder mit dem Kartoffelstampfer zu Mus zerdrücken.
⑧ Heiß in Twist-off-Gläser füllen und gut verschließen.

Pflaumen-Ebereschen-Chutney mit Rotwein

Tipp

Das Chutney hat ein würziges, fruchtiges Aroma und eignet sich als Beilage zu Grillfleisch und Fondue.

Zubereitung:

① Die Pflaumen waschen, halbieren und entsteinen.
② Die Ebereschenbeeren waschen, abtropfen lassen.
③ Die Früchte in einen Topf geben.
④ Rotwein, Obstessig, Zucker und Gewürze zugeben und mischen.
⑤ Die Fruchtmasse weich kochen, öfter umrühren, damit nichts anbrennt.
⑥ Mit dem Kartoffelstampfer (Metall) musartig stampfen.
⑦ Heiß in saubere Gläser füllen.

Zutaten:

800 g reife Pflaumen
200 g reife Ebereschenbeeren
1/8 l Rotwein
5–6 EL Obstessig
150 g brauner Zucker
1/2 Zimtstange
3 Nelken

Ebereschen-Birnen-Dessert

Zubereitung:

① Die Ebereschenbeeren verlesen, waschen und gut abtropfen lassen.
② Die Birnen waschen, schälen, die Kerngehäuse entfernen und die Früchte in kleine Stücke schneiden.
③ Vom Apfelsaft 3 Esslöffel abnehmen und die Speisestärke damit anrühren.
④ Den übrigen Apfelsaft mit Weißwein und Zucker im Topf zum Kochen bringen.
⑤ Die Ebereschenbeeren zugeben, 10 Minuten kochen lassen.
⑥ Die angerührte Speisestärke mit dem Schneebesen einrühren.
⑦ Dann die Birnenstückchen unterrühren und mitkochen lassen. Sie dürfen nicht zerfallen.
⑧ Das Dessert gut abschmecken und mit einer Prise Zimt würzen.
⑨ Abkühlen lassen und mit Vanilleeis servieren.

Zutaten:

50 g reife Ebereschenbeeren
4 reife Birnen
1/4 l Apfelsaft
20 g Speisestärke
100 ml Weißwein
50 g Zucker
1 Pr. Zimt
4 Kugeln Vanilleeis

Ebereschenkonfekt

Zutaten:

1 kg reife Ebereschenbeeren
Wasser nach Bedarf
Einmachzucker nach Bedarf
1 TL gem. Zimt
½ TL gem. Ingwer
feiner Zucker
200 g Zartbitterkuvertüre

Zubereitung:

① Die Ebereschenbeeren waschen und abtropfen lassen.
② Die Beeren in einen Topf geben und mit Wasser bedecken.
③ Die Beeren weich kochen und durch ein Sieb (Flotte Lotte) streichen.
④ Das Fruchtmark abwiegen und in einen Topf geben.
⑤ Die gleiche Menge Einmachzucker zugeben.
⑥ Zimt und Ingwer unterrühren.
⑦ Die Fruchtmasse unter ständigem Rühren zum Kochen bringen.
⑧ Dick einkochen lassen.
⑨ Ein Backblech mit Pergamentpapier belegen und einölen.
⑩ Die heiße Fruchtmasse 2 Zentimeter dick auf das Papier streichen.
⑪ 3 bis 4 Tage an einem kühlen Ort trocknen lassen.
⑫ In Rauten schneiden oder mit Formen ausstechen und in feinem Zucker wenden.
⑬ Einige Tage nachtrocknen lassen.
⑭ Die Kuvertüre im heißen Wasserbad auflösen.
⑮ Das Konfekt eintauchen und auf einem Kuchengitter trocknen lassen.
⑯ In Dosen oder Gläsern verschlossen aufbewahren.

Tipp

Die Pralinen sind ein schönes, originelles und sehr leckeres Geschenk!

Tipp

Man kann aus der Fruchtmasse auch kleine Kugeln oder Pralinen formen, diese in Zimtzucker wälzen und mit Kuvertüre garnieren.

Tipp
Schmeckt sehr aromatisch zu Tee und Desserts.

Ebereschenblütensirup „Waldduft"

Zubereitung:

① Blütendolden, Fichtentriebe und Rosenblütenblätter in einen Topf geben.
② Mit Wasser bedecken, aufkochen.
③ 12 Stunden zugedeckt stehen lassen.
④ Durch ein Sieb gießen.
⑤ Den Blütenauszug abmessen.
⑥ Die gleiche Menge Zucker zugeben.
⑦ Kochen, bis eine sirupartige Konsistenz entsteht.
⑧ In Flaschen füllen.

Zutaten:

3–4 Ebereschenblütendolden
1 Handvoll junge Fichtentriebe
1 Handvoll Rosenblütenblätter der Hecken- oder Kartoffelrose
Wasser nach Bedarf
Zucker nach Bedarf

Erdbeere – Königin der Beeren

In lichten Wäldern, an sonnigen Böschungen und Waldrändern können wir die kleine Walderdbeere entdecken. Sie gehört zu den köstlichsten Wildfrüchten, darum nennt man sie auch „Königin der Beeren“. Schon unsere

Kurzinfo

Botanischer Name:	*Fragaria vesca* (Walderdbeere)
Herkunft:	Europa
Verbreitung:	Europa, Asien
Standort:	Waldlichtungen, Böschungen, Gärten
Familie:	Rosengewächse (Rosaceae)
Blütezeit:	Mai bis Juni
Höhe:	5 bis 20 Zentimeter
Sammelgut und -zeit:	Blätter: Mai bis Juni, Früchte: Juni bis August
Inhaltsstoffe:	
Blätter:	Gerbstoffe, ätherisches Öl, Flavonoide, Vitamin C
Früchte:	Vitamin C, Phenolsäure (Ellagsäure), Mineralstoffe, besonders Kalium, Magnesium, Kalzium, Phosphor, Spurenelemente
Volksnamen:	Flohbeere, Darmkraut, Besingkraut, Erbern

Vorfahren nutzten die Walderdbeere, die Spuren führen bis in die Jungsteinzeit zurück, und wer hat sie nicht schon als Kind mit Begeisterung gesucht und gepflückt! Große Erträge kann man von der Walderdbeere nicht erwarten, da ist ihr die Gartenerdbeere mengenmäßig weit überlegen; was Aroma und Geschmack betrifft, ist die Walderdbeere unübertrefflich.

Erdbeeren gehören zur Familie der Rosengewächse (Rosaceae). Es handelt sich um ausdauernde Rosettenstauden, die 5 bis 20 Zentimeter hoch werden und oberirdische Ausläufer bilden. Die Blätter sind gestielt, eiförmig, dreizählig und haben einen gezähnten Rand. Oben sind sie grün behaart und unten graugrün. Blütezeit ist von Mai bis Juni, dann trägt der Stängel eine Doldentraube mit weißen Blüten. Die roten Scheinfrüchte (Beeren) reifen von Juni bis August.

Walderdbeeren können auch im Garten angesiedelt werden, entweder als Wegrandbepflanzung oder Bodendecker an halbschattigen Plätzen; damit schafft man sich eine kleine „Naschwiese". Wer größere Mengen Erdbeeren in der Küche verarbeiten möchte, kann auch auf die kultivierte Monatserdbeere ausweichen. Sie hat ein ähnlich intensives, fruchtiges Aroma wie die Walderdbeere.

Eine weitere Alternative sind die aromatischen Gartenerdbeeren aus dem Kulturanbau, die einheimische Erzeuger auf Wochenmärkten, in Hofläden oder Selbstpflückplantagen anbieten. Auf den köstlichen Genuss frischer Erdbeeren muss also niemand verzichten.

Wirkung

Die Gerbstoffe in den Blättern haben eine adstringierende (zusammenziehende) Wirkung; man verwendet die Blätter als Tee bei Magen-Darm-Störungen (Durchfall) und zum Gurgeln bei Halsentzündung.

Erdbeerfrüchte liefern viel Vitamin C (60 mg/100 g), sie stärken die körpereigenen Abwehrkräfte, und aufgrund ihres Ellagsäuregehalts wirken sie krebshemmend und antioxidativ.

250 Gramm frische Erdbeeren täglich während der Saison gegessen, verbessern die Leber-Galle-Funktion, fördern die Wasserausscheidung und sind „Schlankmacher". Außerdem haben sie eine antioxidative Wirkung und lindern Rheuma und Gicht.

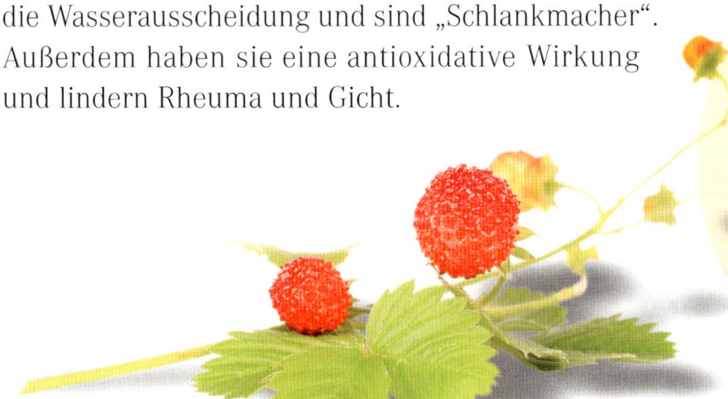

Hinweis für Allergiker:

Erdbeeren können allergische Reaktionen auslösen!

Ernte und Verarbeitung

Zur Teeherstellung werden die Erdbeerblätter im Frühsommer gesammelt und getrocknet. Man kann die Blätter auch mit Himbeer- und Brombeerblättern mischen und damit einen Haustee zubereiten, der zusätzlich mit anderen Kräutern ergänzt werden kann.
Die reifen roten Erdbeerfrüchte vorsichtig pflücken! Sie gehören zum „Weichobst“ und sind sehr druckempfindlich. Innerhalb von zwei Tagen sollten sie verzehrt oder verarbeitet werden, denn sie verlieren das Aroma und verderben schnell.

Rezepte aus Erdbeerblättern und -früchten

Erdbeerblättertee

Zutaten:

2 TL getr. Erdbeerblätter
$^1/_4$ l Wasser

Zubereitung:

① Die Blätter in eine Kanne geben.
② Mit kochendem Wasser überbrühen.
③ 10 bis 15 Minuten ziehen lassen.
④ Den Tee abseihen.

- Bei Durchfall und Magen-Darm-Beschwerden dreimal täglich eine Tasse trinken.
- Bei Erkältungen im Rachenbereich mehrmals täglich mit Erdbeerblättertee gurgeln.

Hinweis

Sollten die Beschwerden nicht innerhalb von zwei bis drei Tagen verschwinden, den Arzt aufsuchen.

Tipp

Dazu können auch Erdbeeren aus der Tiefkühltruhe verwendet werden.

Erdbeershake

Zubereitung:

① Die Erdbeeren verlesen, waschen, abtropfen lassen.
② Einige Erdbeeren zum Garnieren zurücklegen.
③ Die übrigen Erdbeeren mit Kefir und Vanilleeis im Mixer pürieren.
④ Erdbeershake in hohe Gläser füllen, den Rand mit Erdbeeren dekorieren.
⑤ Sofort servieren.

Zutaten:

300 g Erdbeeren
1 l Kefir
4 Kugeln Vanilleeis

Zutaten:

250 g Walderdbeeren
oder Monatserdbeeren
250 g Magerquark
1/8 l Milch
1 Pck. Vanillezucker
(o. abger. Schale von
1/2 unbeh. Zitrone)
100 g feiner Zucker
2 Eiweiß

Erdbeer-Quarkschaum-Speise

Zubereitung:

① Die Erdbeeren verlesen, unter fließendem Wasser waschen, gut abtropfen lassen. Gartenerdbeeren klein schneiden.
② Den Quark mit Milch, Vanillezucker oder Zitronenschale und der Hälfte des Zuckers verrühren.
③ Die Masse mit dem Schneebesen oder Handrührgerät sehr schaumig schlagen und kühl stellen.
④ Das Eiweiß zu sehr steifem Eischnee schlagen, dabei die restliche Zuckermenge löffelweise einrieseln lassen.
⑤ Die Quarkmasse löffelweise zugeben und unterrühren.
⑥ Die vorbereiteten Walderdbeeren unter den Quarkschaum mischen.
⑦ In einer Glasschale oder in Gläsern anrichten und nach Belieben mit Erdbeeren garnieren.

Tipp

Werden für dieses Rezept Gartenerdbeeren verwendet, sollten sie klein geschnitten werden.

Erdbeer-Joghurt-Kaltschale

Zubereitung:

① Die Erdbeeren verlesen, waschen, gut abtropfen lassen.
② Einige Erdbeeren für die Dekoration beiseitelegen, die übrigen Erdbeeren in eine Glasschüssel geben und 2 Esslöffel Zucker untermischen.
③ Zugedeckt kalt stellen.
④ Den Joghurt mit restlichem Zucker, Vanillezucker und Milch in eine Schüssel geben.
⑤ Schaumig schlagen und über die Erdbeeren gießen.
⑥ Mit Erdbeeren dekorieren.
⑦ Die Kaltschale bis zum Servieren kühl stellen.

Zutaten:

500 g Erdbeeren
80 g Zucker
800 g Vollmilchjoghurt
1 Pck. Vanillezucker
$^1/_4$ l Vollmilch

Erdbeerlikör

Zubereitung:

① Die Erdbeeren verlesen, unter fließendem Wasser waschen, gut abtropfen lassen.
② Erdbeeren, Kandis und Vanilleschote in eine weithalsige Flasche füllen.
③ Den Cognac darübergießen und 4 bis 6 Wochen ziehen lassen.
④ Abfiltern, in eine Flasche füllen und noch einige Wochen stehen lassen.

Zutaten:

200 g reife Walderdbeeren
150 g weißer Kandis
$^1/_2$ Vanilleschote
750 ml Cognac

Tipp

Dieser Likör bekommt durch Walderdbeeren ein besonders feines Aroma; es können aber auch Monatserdbeeren verwendet werden.

Zutaten:

300 g Walderdbeeren oder Monatserdbeeren
50 g Zucker
700 ml leichter Weißwein
700 ml Sekt

Erdbeerbowle

Zubereitung:

1. Die Erdbeeren verlesen, unter fließendem Wasser waschen, gut abtropfen lassen. Gartenerdbeeren klein schneiden.
2. Die Früchte in ein Bowlegefäß geben, leicht zuckern.
3. Zugedeckt 1 Stunde ziehen lassen, damit sich das Aroma entfalten kann.
4. Den gekühlten Weißwein zugießen, nochmals 1 Stunde ziehen lassen.
5. Unmittelbar vor dem Servieren mit dem gut gekühlten Sekt auffüllen.

Tipp

Die Bowle sollte kühl serviert werden (8 bis 10 Grad Celsius). Nie Eis direkt in die Bowle geben, sondern das Bowlegefäß in einen Behälter mit Eis stellen.

Zutaten:

5 Blatt weiße Gelatine
$^{1}/_{8}$ l Wasser
100 g Zucker
Saft von 2 Zitronen
$^{1}/_{8}$ l Weißwein
1 Pck. Vanillezucker
200 g Sahne
200 g Naturjoghurt

Für das Püree:
300 g Erdbeeren
50 g Puderzucker

Zum Garnieren:
Frische Zitronenmelisse

Zitronencreme mit Erdbeerpüree

Zubereitung:

1. Die Gelatine in kaltem Wasser einweichen.
2. Wasser, Zucker, Zitronensaft, Wein und Vanillezucker kurz erhitzen und vom Herd nehmen.
3. Die eingeweichte Gelatine in die heiße Flüssigkeit rühren.
4. Die Zitronencreme kalt stellen.
5. Die Sahne steif schlagen und mit dem Joghurt unter die angesteifte Creme rühren.

⑥ Die Creme in vier Gläser füllen.
⑦ Die Erdbeeren mit dem Puderzucker pürieren.
⑧ Das Püree aufkochen und abkühlen lassen.
⑨ Das Erdbeerenpüree auf die Zitronencreme geben.
⑩ Mit Zitronenmelisse und Sahnetupfer garnieren.

Erdbeerwaffeln mit Vanilleeis

Zutaten:

200 g Erdbeeren
150 g Butter
75 g Zucker
1 Pck. Vanillezucker
2 Eier
200 g Mehl
1 Msp. Backpulver
$^1/_8$ l Milch
Öl fürs Waffeleisen
Vanilleeis
einige Erdbeeren zum Garnieren

Zubereitung:

① Die Erdbeeren waschen, putzen, trocken tupfen und fein hacken oder grob pürieren.
② Butter, Zucker, Vanillezucker und Eier schaumig rühren.
③ Das Mehl mit dem Backpulver sieben und mit der Milch in die Schaummasse rühren.
④ Die zerkleinerten Erdbeeren untermischen.
⑤ Der Teig muss dickflüssig sein. Falls er zu fest ist, etwas Wasser zugeben.
⑥ Das Waffeleisen erhitzen und mit Öl einpinseln.
⑦ Mit einem kleinen Schöpflöffel Teig auf das Waffeleisen verteilen.
⑧ Den Deckel schließen, die Waffeln 3 bis 4 Minuten goldgelb backen.
⑨ Die Waffeln mit Vanilleeis und Erdbeeren servieren.

Hagebutte – Vitamine im Purpurmantel

Fast 30 Wildrosenarten gibt es in Deutschland. Die Heckenrose, auch Hundsrose genannt, ist am weitesten verbreitet. Sie ist ein „wehrhafter“ Strauch und kann

Kurzinfo

Botanischer Name:	*Rosa canina*
Herkunft:	Europa
Verbreitung:	Europa, Vorder- und Mittelasien, Nordafrika
Standort:	sonnige Lage, kalkhaltiger Boden, Hecken, Feldraine, Waldränder
Familie:	Rosengewächse (Rosaceae)
Blütezeit:	Mai bis Juni
Höhe:	3 bis 5 Meter
Sammelgut und -zeit:	Blüten: Mai bis Juni, Früchte: Oktober bis November
Inhaltsstoffe:	Carotinoide, Flavonoide, Gerbstoffe, Fruchtsäuren, Pektine, Mineralstoffe, Vitamin A, B1, B2 und K sowie sehr hoher Vitamin-C-Gehalt
Volksnamen:	Hundsrose, Hagebutte, Hainrose, Heckenrose, Wilde Heiderose, Hiefenstrauch

3 bis 5 Meter hoch werden. Der Volksmund sagt: „Keine Rose ohne Dornen." Dabei irrt er, denn Rosen haben keine Dornen, sondern sichelförmig gekrümmte Stacheln, so auch die Heckenrose. Wir finden die Pflanze bevorzugt auf kalkhaltigem Boden bis in die mittleren Regionen der Berge. Sie präsentiert sich gern in Heckenlandschaften und an Waldrändern.

In den Monaten Mai und Juni blüht die schöne Wildrose, ihre Blüten sind zartrosa und duften angenehm. Im Herbst erscheinen die orangeroten Hagebutten. Es handelt sich dabei um Scheinfrüchte. Im Inneren sitzen die eigentlichen Früchte, die hartschaligen Nüsschen mit den Borstenhaaren; Letztere wurden früher gern als „Juckpulver" verwendet. Die stacheligen Zweige und die juckenden Borstenhaare sollten uns nicht abschrecken, die Hagebutten zu pflücken, denn sie haben einen außerordentlich hohen Vitamingehalt! Sie gehören zu den vitaminreichsten Früchten überhaupt.

Für die Vogelwelt bietet der Strauch einen ausgezeichneten Lebensraum und eine gute Nahrungsgrundlage. Vögel ernähren sich von den Hagebutten, scheiden allerdings die harten Nüsschen (Kerne) unverdaut aus und sorgen somit für die Weiterverbreitung der Pflanzen. Selbstverständlich sind an den Heckensträuchern auch Bienen, Hummeln und Schmetterlinge zu Gast.

Wirkung

Hagebutten haben eine harntreibende Wirkung; dies gilt besonders für die Kerne. Unübertrefflich ist aber vor allem der hohe Vitamin-C-Gehalt in den Hagebutten. Im Vergleich: In 100 Gramm Hagebuttenfrucht sind 1250 Milligramm Vitamin C enthalten, in 100 Gramm Apfelsinenfruchtfleisch dagegen nur 50 Milligramm. Damit übertrumpfen die Hagebutten die Apfelsinen um das 25-Fache!

Vitamin C stärkt das Immunsystem und die körpereigenen Abwehrkräfte, beugt Erkältungskrankheiten vor und ist gut gegen Erschöpfung und Müdigkeit. Schon acht bis zehn reife Hagebutten sind in der Lage, den Vitamin-C-Bedarf pro Person und Tag zu decken.

Tipp

Bei einem herbstlichen Spaziergang acht bis zehn reife Hagebutten pflücken (sie müssen weich sein). Das Fruchtmark vorsichtig aus der Schale drücken und auf der Zunge zergehen lassen.

Ernte und Verarbeitung

Hagebutten erntet man, wenn sie die ersten Nachtfröste hinter sich haben. Man kann daraus Tee, Mus, Marmelade, Säfte, Suppen, Soßen, Likör und Wein herstellen. Allerdings ist das Sammeln, Putzen und Entkernen der Früchte relativ arbeitsintensiv. Der Aufwand wird aber durch den erlesenen Geschmack und den gesundheitlichen Wert belohnt.

Zum Entkernen der Früchte benutzt man am besten einen kleinen Löffelstiel oder ein spitzes Messer. Dabei zieht man Einweghandschuhe an, denn die feinen Härchen, die an den Kernen sitzen, können Juckreiz auf der Haut auslösen.

Einfacher ist es, die ganzen Früchte zu verarbeiten. Man gibt die Hagebutten in einen Topf und bedeckt sie mit kaltem Wasser. Dieser Ansatz bleibt einen Tag lang stehen (dabei verfilzen die Härchen an den Kernen und bleiben später beim Durchpassieren mit den Kernen zurück). Am folgenden Tag werden die Hagebutten im Wasser weich gekocht und anschließend durch ein Sieb (Flotte Lotte) passiert – so wird das Mark gewonnen. Bei größeren Mengen kann auch der Fleischwolf mit Fruchtpressvorsatz benutzt werden.

Zum Trocknen von Hagebutten werden die vollreifen, aber noch festen Früchte verlesen, gewaschen sowie von Blütenansätzen und Stielen befreit. Anschließend Früchte halbieren und mit einem kleinen Löffelstiel oder spitzen Messer die Kerne und Härchen entfernen. Die Fruchthälften auf ein Backblech mit weißem saugfähigen Papier (Küchenkrepp) legen und schonend trocknen. Beim Trocknen im Backofen die Temperatur auf maximal 40 Grad einstellen und die Herdtür einen Spalt geöffnet lassen, damit die Feuchtigkeit entweichen kann.

Vorsicht!

Darauf achten, dass Kerne und Härchen nicht verschluckt werden (Juckreiz)!

Volkstümliches Kinderlied

Ein Männlein steht im Walde, ganz still und stumm,
Es hat von lauter Purpur ein Mäntlein um.
Sagt, wer mag das Männlein sein,
Das da steht im Wald allein
Mit dem purpurroten Mäntelein.

Das Männlein steht im Walde auf einem Bein
Und hat auf seinem Haupte schwarz Käpplein klein.
Sagt, wer mag das Männlein sein,
Das da steht im Wald allein
Mit dem kleinen schwarzen Käppelein?

Gesprochen:

Das Männlein dort auf einem Bein
Mit seinem roten Mäntelein
Und seinem schwarzen Käppelein
Kann nur die Hagebutte sein.

(Hoffmann von Fallersleben, 1843)

Tipp

Besonders ergiebig ist die Kartoffelrose *(Rosa rugosa)*; sie hat größere Früchte und ist häufig in Grünanlagen, Parks und Gärten anzutreffen. Ihre stark duftenden Blüten eignen sich für erlesene Kreationen, zum Beispiel für Rosengelee, Bowle oder Blütenessig.

Rosenblütenlikör

Zutaten:

150 g duftende Wildrosenblütenblätter
$^1/_4$ l Wasser
200 g Zucker
$^1/_2$ l Korn (38 %)

Zubereitung:

① Die frischen Blütenblätter von den bitteren Stielansätzen pflücken.
② Die Blütenblätter mit $^1/_4$ Liter kochendem Wasser übergießen, sodass sie bedeckt sind.
③ Über Nacht zugedeckt stehen lassen.
④ Das Rosenwasser in einen Topf sieben und den Zucker zugeben.
⑤ Unter Rühren erhitzen, bis sich der Zucker aufgelöst hat.
⑥ Die Flüssigkeit abkühlen lassen, dann den Korn zugießen.
⑦ Den Rosenlikör in Flaschen füllen und gut verschlossen kühl lagern.

Rosengelee

Tipp

Hierzu eignen sich die Blüten von *Rosa rugosa.*

Zutaten:

ca. 50 g Duftrosenblüten
1 l Wasser
1 kg Gelierzucker 1:1
Saft von 1 Zitrone

Zubereitung:

① Die Rosenblütenblätter verlesen, bittere Stielansätze entfernen.
② Die Rosenblütenblätter in einen Topf geben.
③ Das Wasser zufügen und aufkochen.
④ 24 Stunden stehen lassen, dann absieben, die Blütenblätter ausdrücken.
⑤ $^3/_4$ Liter Flüssigkeit abmessen.
⑥ Den Gelierzucker und Zitronensaft zugeben.
⑦ Nach Belieben eine Handvoll frische Rosenblütenblätter hineinstreuen, so wird das Gelee optisch besonders attraktiv.
⑧ 4 Minuten sprudelnd kochen.
⑨ Heiß in saubere Twist-off-Gläser füllen und verschließen.

Hagebutte

Feine Rosenkonfitüre

Zubereitung:

① Die Rosenblütenblätter abzupfen.
② Wasser mit Zucker, Zitronensaft und Zitronenschale zum Kochen bringen.
③ Sirupartig eindicken.
④ Zitronenschale entfernen.
⑤ Rosenblütenblätter und Weinsteinsäure zugeben und weiterkochen.
⑤ Zur Gelierprobe einige Tropfen Konfitüre auf einen Porzellanteller tropfen. Ist die Konfitüre dickflüssig, kann sie heiß in vorbereitete saubere Gläser gefüllt werden.
⑦ Die Gläser nach dem Befüllen sofort verschließen.

Tipp

Rosenkonfitüre (Sladko) ist besonders kostbar, man verwendet sie nur zum Aromatisieren von Desserts und Tees. Als Brotaufstrich ist sie zu schade.

Zutaten:

100 g Rosenblüten
250 ml Wasser
500 g Zucker
Schale und Saft von
1 unbeh. Zitrone
$^{1}/_{2}$ TL Weinsteinsäure

Tipp
Dieser duftende Rosenessig eignet sich für Blattsalat.

Rosenblüten-Holunder-Essig

Zutaten:

2 Handvoll Rosenblütenblätter
3 Holunderblütendolden
$^{3}/_{4}$ l Obstessig
4–5 frische Erdbeeren

Zubereitung:

① Die Rosenblütenblätter und Holunderblütendolden in ein großes Glas füllen.
② Den Obstessig darübergießen.
③ Die gewaschenen Erdbeeren in den Ansatz geben.
④ Den Ansatz 4 bis 6 Wochen stehen lassen, absieben, in saubere Flaschen füllen.

Erfrischungsgetränk:
Zur Stoffwechselanregung und Stimmungsaufhellung am Morgen: 1 EL Rosenessig in 1 Glas Mineralwasser einrühren und schluckweise nüchtern trinken.

Rosenbowle

Zubereitung:

① Die Rosenblütenblätter von den bitteren Stielansätzen pflücken.
② Die Rosenblütenblätter und Zitronenmelissenblätter in eine Schüssel geben, mit Puderzucker bestreuen.
③ 1 Flasche Weißwein darübergießen, 30 Minuten ziehen lassen, dann absieben.
④ Die Flüssigkeit in ein Bowlegefäß gießen und mit dem übrigen gekühlten Weißwein auffüllen.
⑤ Vor dem Servieren den Sekt zugeben und die Bowle mit frischen Rosenblütenblättern bestreuen.

Zutaten:

1 Litermaß Rosenblütenblätter
1 Bd. Zitronenmelissenblätter
2–3 EL Puderzucker
3 Flaschen Weißwein (à 0,75 l)
1 Flasche Sekt (0,75 l)

Tipp

Dazu eignen sich Duftrosen, die nicht gespritzt sein dürfen.

Wildrosenbowle alkoholfrei

Zubereitung:

① Die Rosenblütenblätter von den bitteren Stielansätzen pflücken, ungewaschen in ein Bowlegefäß geben.
② Den Traubensaft darübergießen und 3 Stunden zugedeckt ziehen lassen.
③ Mit dem gekühlten Mineralwasser auffüllen.
④ In jedes Trinkglas eine Zitronenscheibe geben und mit Wildrosenbowle auffüllen.
⑤ Ein Tablett mit Rosenblütenzweigen dekorieren und darauf die Bowle servieren.

Zutaten:

2 Handvoll Kartoffelrosenblüten *(Rosa rugosa)*
$^1/_2$ l roter Traubensaft
$^3/_4$ l Mineralwasser
1–2 unbeh. Zitronen in Scheiben
einige kl. Rosenblütenzweige

Rosenzucker

Zutaten:

20 g getrocknete Duftrosenblätter
200 g Zucker

Zubereitung:

1. Rosenblätter und Zucker im Mörser fein zerreiben oder in einer Gewürzmühle fein mahlen.
2. In Gläser füllen und dunkel aufbewahren.

Tipp

Dieser Rosenzucker lässt sich vielseitig verwenden zum Süßen von Gebäck, Cremepürees oder Marzipan.

Rosenblütensirup

Zutaten:

50 g frische Rosenblütenblätter von ungespritzten Duftrosen
1/4 l Wasser
500 g Zucker
Saft von 1 Zitrone

Zubereitung:

1. Die Blütenblätter im Wasser zum Kochen bringen, einige Minuten aufwallen lassen.
2. Den Topf von der Kochstelle nehmen, die Blüten ein paar Stunden zugedeckt ziehen lassen.
3. Die Blütenblätter abseihen.
4. Zucker und Zitronensaft in den Blütenauszug geben und so lange kochen lassen, bis der Sirup Fäden zieht.
5. Den Rosenblütensirup heiß in kleine Twist-off-Flaschen füllen.

Tipp

Rosenblütensirup eignet sich zum Abschmecken von Süßspeisen und Getränken.

Hagebuttentee

Zubereitung:

① Die Hagebutten in einen Topf geben.
② Mit kaltem Wasser übergießen.
③ 15 Minuten kochen lassen, dann abgießen.
④ Nach Belieben mit Honig oder Hagebuttensirup (siehe folgendes Rezept) süßen.
⑤ 2 bis 3 Tassen täglich trinken.

Zutaten:

2 geh. TL getr. Hagebutten
$^1/_4$ l Wasser

➧ Dieser Tee schmeckt angenehm erfrischend, stärkt die körpereigenen Abwehrkräfte, beugt Erkältungskrankheiten vor und regt die Wasserausscheidung an.

Hagebuttensirup

Zutaten:

1 kg reife Hagebutten
Zucker nach Bedarf
1 TL Zimt

Zubereitung:

① Die Hagebutten von den Stielen und Blütenansätzen befreien, waschen und verlesen.
② In einen Kochtopf geben, knapp mit Wasser bedecken.
③ 30 Minuten kochen.
④ Die Hagebutten durch ein Sieb (Flotte Lotte) rühren.
⑤ Die Menge genau abmessen und die gleiche Menge Zucker zugeben.
⑥ Mit Zimt würzen.
⑦ Noch einmal unter Umrühren kurz wallend aufkochen.
⑧ Den heißen Sirup in saubere Flaschen füllen und sofort verschließen.

➧ Dieser Extrakt unterstützt die Nieren- und Blasenfunktion und fördert die Wasserausscheidung, weil die Hagebuttenkerne mit ausgekocht wurden. Man kann ihn auch ohne Zucker herstellen, dann muss er innerhalb einer Woche verbraucht werden. Die Variante mit Zucker wird zum Süßen von Tee verwendet und ist lange haltbar.

Hagebuttenfruchtmark

Zutaten:

1 kg reife Hagebutten
Wasser
Zucker nach Bedarf

Zubereitung:

① Die Hagebutten verlesen, waschen, Stiele und Blütenansätze entfernen.
② Die Hagebutten in einen Kochtopf geben.
③ Mit kaltem Wasser bedecken, 24 Stunden zugedeckt stehen lassen.
④ Die Früchte im Wasser weich kochen.
⑤ Durch ein Sieb streichen oder durch die Fruchtpresse geben, Kerne und Härchen bleiben zurück.
⑥ Das Fruchtmark nach Bedarf zuckern und in Portionen einfrieren.

Tipp

Besonders ergiebig ist die Kartoffelrose *(Rosa rugosa)*, die in Parks und Gärten wächst.

Tipp

Das Fruchtmark eignet sich für Quark- und Fruchtcremespeisen oder zur Soßen-, Suppen- und Marmeladenherstellung.

Hagebuttensoße

Zutaten:

200 g Hagebuttenfruchtmark
$^{1}/_{4}$ l Rotwein
2 Gewürznelken
3 EL Zucker
1 TL Stärkemehl

Zubereitung:

① Das Hagebuttenmark mit Rotwein, Nelken und Zucker in einem Topf verrühren.
② Zum Kochen bringen.
③ Das Stärkemehl in etwas kaltem Wasser anrühren und zur Soße geben.
④ Kurz aufkochen lassen und abschmecken.

Tipp

Diese Soße kann zu Wild oder Rinderbraten gereicht werden und passt kalt auch gut zu Fondue.

Hagebuttenmarmelade

Zubereitung:

① Das Hagebuttenmark in einen Kochtopf geben.
② Mit Gelierzucker mischen.
③ Die Kardamomkapseln öffnen, den Samen im Mörser zerstoßen.
④ Den Zitronensaft und Kardamomsamen zum Hagebuttenmark geben.
⑤ Das Ganze zum Kochen bringen und 4 Minuten sprudelnd kochen.
⑥ Sofort heiß in saubere Twist-off-Gläser füllen und verschließen.

Zutaten:

1 kg Hagebuttenmark
1 kg Gelierzucker
Samen von 3 Kardamomkapseln
Saft von 1 Zitrone

Hagebuttenlikör

Zubereitung:

① Die ganzen Früchte waschen, verlesen, Blütenansätze und Stiele entfernen.
② Die Hagebutten stampfen.
③ Die gestampften Hagebutten in eine weithalsige Flasche füllen.
④ Korn und Kandis und die aufgeschnittene Vanillestange zugeben.
⑤ Den Ansatz 1 Monat an einen hellen Platz stellen und ab und zu schütteln.
⑥ Den fertigen Likör abfiltern, in Flaschen füllen.
⑦ 2 Monate nachreifen lassen. Je länger der Likör steht, desto aromatischer wird er.

Zutaten:

300 g Hagebutten (vollreif)
3/4 l Korn (38 %)
150 g weißer Kandis
1 Vanillestange

Hagebutten-Sahne-Creme

Zutaten:

6 EL Hagebuttenmark
120 g Zucker
1/4 l Weißwein
Saft von 1/2 Zitrone
1 Beutel weiße Gelatine
250 g Schlagsahne

Zubereitung:

1. Das Hagebuttenmark mit dem Zucker schaumig rühren.
2. Weißwein und Zitronensaft zugeben.
3. Die Gelatine nach Packungsanleitung auflösen und mit dem Schneebesen unter die Hagebuttencreme rühren, kalt stellen.
4. Sobald die Masse steif wird, die Sahne schlagen und darunterheben.
5. Die Creme in Glasschalen füllen, nach Belieben mit Sahne verzieren.
6. Vor dem Servieren noch einmal für 15 Minuten kalt stellen.

Heidelbeere – die kleine Blaue mit großer Wirkung

Die Blaubeere ist in ganz Mittel- und Nordeuropa verbreitet. Der sommergrüne Zwergstrauch hat kurzstielige, eiförmige, glatte Blätter, die am Rand leicht gesägt und wechselständig angeordnet sind. In den Blattachsen bilden

Kurzinfo

Botanischer Name:	*Vaccinium myrtillus*
Herkunft:	Europa
Verbreitung:	Nord- und Mitteleuropa
Standort:	Wälder, Torfmoore, Heide, saurer Boden
Familie:	Heidekrautgewächse (Ericaceae)
Blütezeit:	Mai bis Juni
Höhe:	20 bis 50 Zentimeter
Sammelgut und -zeit:	junge Blätter vor der Blüte, reife Früchte: Juli bis August
Inhaltsstoffe:	
Blätter:	Gerbstoffe, Flavonoide, Neomyrtillin, Hydrochinon
Früchte:	Gerbstoffe, Mineralstoffe, Vitamine, Phenolsäuren (Ellagsäure), Pektine, Fruchtsäuren, Flavonoide (Anthocyane)
Volksnamen:	Blaubeere, Griffelbeere, Schwarzbeere, Krähenauge, Bickbeere

sich von April bis Mai die grünweißen bis rosaroten Blüten, aus denen sich im Sommer dunkelblaue Beerenfrüchte entwickeln.
Heidelbeeren wachsen bevorzugt in lichten Nadel- und Mischwäldern, auf Torfmooren und Heiden. Sie mögen sauren, nährstoffarmen Boden.
Kulturheidelbeeren werden in Plantagen angebaut. Im Fachhandel gibt es Sträucher, die für Hausgärten oder als Kübelpflanzen geeignet sind.

Tipps:

- Waldheidelbeeren sind im Sommer auf Wochenmärkten oder im Obsthandel erhältlich.
- Kulturheidelbeeren gibt es ganzjährig entweder frisch oder als Tiefkühlware im Lebensmittelhandel.

Wirkung

Heidelbeeren sind reich an bioaktiven Pflanzenstoffen wie Phenolsäuren und Flavonoiden. Auch der blaue Farbstoff Anthocyan gehört dazu. Diesen Substanzen schreibt die Wissenschaft eine antioxidative Wirkung zu (Schutz der Zellen vor freien Radikalen). Darüber hinaus wirken sie entzündungshemmend und antibakteriell.
Heidelbeeren stärken die kleinen Blutgefäße (Kapillaren) und unterstützen die Augen- und Nierenfunktion. Bereits eine halbe Tasse frische Heidelbeeren pro Tag wirkt sich positiv auf die Gesundheit aus.
Frische Heidelbeeren liefern Vitamine, Mineralstoffe und wertvolle Fruchtsäuren, sie regen die Verdauung an und wirken leicht abführend. Getrocknete Heidelbeeren hingegen sind ein gutes Mittel gegen Durchfall und Gärungsprozesse im Darm. Gerbstoffe und Pektine haben stopfende und entgiftende Eigenschaften, darum sollten getrocknete Heidelbeeren in keiner Hausapotheke fehlen. Ein bis zwei Teelöffel der getrockneten Beeren werden mehrmals am Tag gegessen, bis der Durchfall abgeklungen ist. Für magenempfindliche Menschen ist alternativ eine konzentrierte Abkochung aus den Beeren (mehrmals täglich ein kleines Glas trinken) besser geeignet. Diese Abkochung kann auch zum Gurgeln bei Entzündungen im Mund- und Rachenraum verwendet werden. Hilfreich bei Durchfall ist auch eine Mischung aus ungesüßtem Heidelbeer-Muttersaft (Reformhaus) und Magerquark, mehrmals täglich als kleine Portion eingenommen. Ergänzend empfiehlt sich schwarzer Tee.
Auch die Heidelbeerblätter sind reich an Gerbstoffen, ein Teeaufguss kann für äußere Waschungen und Umschläge verwendet

werden. In der Volksmedizin wird Heidelbeerblättertee auch bei Durchfall, Hautkrankheiten und sogar bei Diabetes empfohlen. Wissenschaftler warnen allerdings vor einer Überdosierung und vor Dauergebrauch. In Heidelbeerblättern ist Hydrochinon enthalten, das bei nicht sachgemäßem Gebrauch chronische Vergiftungserscheinungen hervorrufen kann.

Vorsicht!

bei Selbstbehandlung mit Heidelbeerblättertee! Im Zweifelsfall den Arzt oder Apotheker fragen. Bei den Früchten sind keine Nebenwirkungen zu befürchten.

Ernte und Verarbeitung

Pflückreif sind die Heidelbeeren von Juli bis August. Am besten schmecken sie frisch mit Milch und Zucker. Aber auch viele interessante Rezepte kann man aus Heidelbeeren kreieren, zum Beispiel Desserts, Kaltschalen, Kompotte, Suppen, Crêpes und Kuchen. Den Vorratskeller kann man bestücken mit Marmelade, Saft, Likör oder Wein.

Heidelbeeren eignen sich gut zum Einfrieren. Die reifen Beeren mit der Hand pflücken (nicht mit dem Kamm, damit die Früchte nicht beschädigt werden). Die gewaschenen Früchte abtropfen lassen, auf ein sauberes Geschirrtuch legen, damit die restliche Feuchtigkeit aufgesogen wird. Anschließend in Gefrierbeutel oder Dosen füllen und einfrieren.

Zum Entsaften werden die vollreifen Beeren verlesen und in wenig Wasser weich gekocht. Ein Sieb mit einem feuchten Leinentüchlein auslegen. Den Saft durchlaufen lassen, dann noch einmal erhitzen und heiß in saubere Twist-off-Flaschen füllen. Dieser Saft kann später ungesüßt oder nachgesüßt verwendet werden.

Für das Trocknen von Heidelbeeren nimmt man unversehrte Früchte, die auf einem Geschirrtuch oder Küchenkrepp ausgebreitet und zum Antrocknen in die Sonne gelegt werden. Dann an einem schattigen, luftigen Ort austrocknen lassen. Alternativ kann man die Beeren im Backofen (40 bis 50 Grad) trocknen. Wichtig zur Vermeidung von Schimmel ist, dass sie vollkommen trocken sind.

Tipp:

Frische Obstflecken aus Geschirrtüchern und Schürzen schnell und umweltschonend entfernen:

- Den Stoff über eine Schüssel spannen.
- Kochend heißes Wasser auf die Flecken gießen. Die Obstflecken verschwinden sofort.
- Dann das Wäschestück wie üblich in der Waschmaschine waschen.

Heidelbeer-Abkochung

Tipp

Getrocknete Heidelbeeren gibt es auch in den Apotheken, sind aber teuer!

Zutaten:

3 geh. EL getr. Heidelbeeren
$^1/_2$ l Wasser

Zubereitung:

① Die getrockneten Heidelbeeren im Mörser anstoßen und in einen Topf geben.
② Mit kaltem Wasser übergießen.
③ Das Wasser zum Kochen bringen und 10 Minuten sieden lassen.
④ Noch heiß durch ein Sieb gießen.
⑤ Die Abkochung abkühlen lassen.

➡ Die Heidelbeer-Abkochung ist ein bewährtes Hausmittel bei Durchfall: Mehrmals täglich eine Tasse trinken, bis der Durchfall abgeklungen ist.

Heidelbeerpfannkuchen mit Vanilleeis und Blütensirup

Zutaten:

200 g frische Heidelbeeren
2 Eier
100 g Mehl (Type 1050)
2 EL Zucker
100 ml Milch
abger. Schale von $^1/_2$ unbeh. Zitrone
4 EL gehackte Mandeln
Butterschmalz zum Ausbacken
500 g Vanilleeis
Blütensirup zum Garnieren

Zubereitung:

① Die Heidelbeeren verlesen, waschen und gut abtropfen lassen.
② Die Eier trennen, das Eiweiß mit dem Handrührgerät steif schlagen.
③ Das Mehl sieben.
④ Eigelb mit Mehl, Zucker, Milch, geriebener Zitronenschale und gehackten Mandeln gut verrühren.
⑤ Den steifen Eischnee vorsichtig unterheben, nicht verrühren.
⑥ Die vorbereiteten Heidelbeeren unter den Teig mischen. Einige Beeren zum Garnieren zurücklassen.

⑦ Das Butterschmalz in der Pfanne erhitzen.
⑧ Mit einem Schöpflöffel den Teig portionsweise in das heiße Fett geben und beidseitig goldgelb backen.
⑨ Die Pfannkuchen herausnehmen, auf einen angewärmten Teller legen.
⑩ Mit einem Portionierer kleine Eiskugeln ausstechen und diese auf die heißen Pfannkuchen legen.
⑪ Die Pfannkuchen mit frischen Heidelbeeren und eventuell mit Schlehen- oder Holunderblütensirup garnieren.
⑫ Heiß servieren.

Tipp

Die Pfannkuchen kann man auch aufrollen, in Portionen schneiden und das Eis dazu servieren.

Tipp

Die Crêpes können mit Schlehenblütensirup serviert werden, dann sollte allerdings auf den Puderzucker verzichtet werden.

Heidelbeercrêpes mit Sahne

Zutaten:

250 g frische Heidelbeeren
Zucker
3 Eier
1 Pr. Salz
125 g Mehl (Type 1050)
1/8 l Milch
Butter oder Öl zum Ausbacken
250 g Schlagsahne
Puderzucker

Zubereitung:

① Die Heidelbeeren waschen, verlesen, abtropfen lassen und mit 2 Esslöffeln Zucker bestreuen.
② Eier, Salz und 1 Teelöffel Zucker in eine Schüssel geben und mit dem Schneebesen gut verschlagen.
③ Das Mehl sieben und mit der Milch abwechselnd unter die Schaummasse rühren.
④ Der Teig muss dünn und glatt sein, er soll zugedeckt 30 Minuten ruhen.
⑤ Nach der Ruhepause die Konsistenz des Teigs überprüfen, eventuell etwas Flüssigkeit unterrühren.
⑥ Eine kleine Omelettpfanne mit Butter oder Öl ausreiben und erhitzen.
⑦ Mit einem kleinen Schöpflöffel Teig in die heiße Pfanne geben, hauchdünn verlaufen lassen.
⑧ Nacheinander circa 8 bis 10 dünne Pfannkuchen beidseitig goldgelb ausbacken, heiß stellen.
⑨ Die Sahne mit 1 Teelöffel Zucker steif schlagen.
⑩ Die Crêpes vor dem Servieren mit Heidelbeeren füllen, mit Puderzucker bestreuen und mit Sahne garnieren.

Heidelbeerblechkuchen mit Quark-Öl-Teig

Zubereitung:

① Die Heidelbeeren verlesen, waschen, gut abtropfen lassen.
② Quark, Öl, Ei, Zucker, Salz und Vanillezucker in eine Schüssel geben und mit dem Schneebesen verrühren.
③ Das Mehl mit dem Backpulver sieben.
④ Einen Teil des Mehls unterrühren.
⑤ Das restliche Mehl unterkneten, eventuell etwas Milch zugeben.
⑥ Die Beschaffenheit des Teigs prüfen. Sollte der Teig zu klebrig sein, wenig Mehl zugeben. Wenn die Unterlage beim Kneten sauber bleibt, ist der Teig richtig.
⑦ Den Teig mit dem Nudelholz ausrollen, auf ein gefettetes Backblech legen und mit der flachen Hand andrücken.
⑧ Den Backofen auf 180 bis 200 Grad vorheizen.
⑨ 1 Esslöffel Butter in einem kleinen Topf schmelzen lassen.
⑩ Mit einem Pinsel den Teig auf dem Blech einfetten.
⑪ Die Heidelbeeren gleichmäßig auf dem Teig verteilen.
⑫ Das Blech auf der mittleren Schiene in den vorgeheizten Ofen schieben und den Kuchen 20 bis 30 Minuten backen.
⑬ Nach dem Backen mit Zucker und Zimt bestreuen, abkühlen lassen, dann vom Blech nehmen.

Zutaten:

1 kg frische Heidelbeeren
150 g Magerquark
6 EL Öl
1 Ei
80 g Zucker
1 Pr. Salz
1 Pck. Vanillezucker
300 g Mehl (Type 1050)
1 Pck. Backpulver
2 EL Milch (nach Bedarf)
1 EL Butter
Zucker und Zimt zum Bestreuen

Tipp

Quark-Öl-Teig ist leicht bekömmlich und schmeckt am besten frisch.

Alternativvorschlag für den Belag:
Heidelbeeren können auch mit Äpfeln kombiniert werden. Dazu schneidet man 1 Kilogramm Äpfel in Spalten, legt sie auf den Teig und füllt die Zwischenräume mit 250 Gramm Heidelbeeren.

Tipp

Auch tiefgefrorene Heidelbeeren eignen sich gut. Die Beeren werden gefroren auf dem Teig verteilt.

Zutaten:

125 g frische Heidelbeeren
2 reife Bananen
Saft von 1/2 Zitrone
1 l Vollmilch
Zucker oder Honig nach Belieben

Tipp

Für dieses Rezept eignen sich auch tiefgefrorene oder eingekochte Heidelbeeren.

Heidelbeermixmilch

Zubereitung:

① Die Heidelbeeren waschen, verlesen, abtropfen lassen.
② Die Bananen schälen, in Stücke schneiden und im Mixer pürieren.
③ Den Zitronensaft zugeben.
④ Von den Heidelbeeren 2 Esslöffel beiseitestellen, die übrigen Beeren in den Mixer geben.
⑤ Die Milch zugießen, alles pürieren und schaumig schlagen. Nach Geschmack mit Zucker oder Honig abschmecken.
⑥ Die Mixmilch in hohen Gläsern anrichten und mit den restlichen Heidelbeeren garnieren.

Zutaten:

300 g frische Heidelbeeren
150 g weißer Kandis
0,7 l Korn (38 %)
4 Nelken
1 Zimtstange

Heidelbeerlikör

Zubereitung:

① Die Heidelbeeren verlesen, waschen und abtropfen lassen.
② Die Beeren und den Kandis in eine Weithalsflasche füllen.
③ Den Korn und die Gewürze zugeben.
④ Die Flasche verschließen und den Ansatz 6 Wochen ziehen lassen, gelegentlich schütteln.
⑤ Dann den Likör abfiltern und in Flaschen füllen.
⑥ 3 bis 4 Monate lagern, dann entwickelt er sein volles Aroma.

Heidelbeerkaltschale

Zubereitung:

① Die Heidelbeeren verlesen, waschen und in einem Sieb abtropfen lassen.
② Die Heidelbeeren nach Geschmack leicht einzuckern, zudecken und kalt stellen.
③ Den gekühlten Joghurt mit Milch, Zucker, Zitronensaft und Koriander schaumig schlagen, abschmecken.
④ Den Joghurtschaum in vier tiefen Tellern anrichten.
⑤ In die Mitte jeweils eingezuckerte Heidelbeeren aufhäufeln.
⑥ Den weißen Joghurtrand mit Zitronenmelissenblättern garnieren.

➧ Kaltschalen sind leicht und bekömmlich und lassen sich auch mit anderem Beerenobst, wie zum Beispiel Himbeeren, Erdbeeren oder Brombeeren, variieren.

Zutaten:

300–500 g Heidelbeeren
800–1000 g Naturjoghurt
1/4 l Vollmilch
60–80 g Zucker
Saft von 1 Zitrone
1 Pr. gem. Koriander
1 Sträußchen Zitronenmelisse

Heidelbeerkompott

Zutaten:

500 g Heidelbeeren
100–150 g Zucker
1/4 Zimtstange
1/4 l Wasser

Zubereitung:

① Die Heidelbeeren verlesen, waschen, abtropfen lassen.
② Die Heidelbeeren in einen Topf geben, mit Zucker bestreuen, die Zimtstange dazugeben. Zugedeckt eine halbe Stunde stehen lassen.
③ Das Wasser über die Früchte geben, aufkochen und 5 Minuten ziehen lassen (Früchte dürfen nicht zerfallen).
④ Die Zimtstange entfernen und das Kompott abschmecken.
⑤ Das Kompott bis zum Servieren kalt stellen.

Tipp

Heidelbeerkompott eignet sich als Beigabe zu Grießflammeri, Vanillepudding, Eis und süßen Mehlspeisen.

Himbeere – scharlachrote Schönheit vom Waldesrand

Im Hochsommer leuchten die scharlachroten Himbeerfrüchte an sonnigen Waldrändern, Böschungen und Kahlschlägen. Wir finden

Kurzinfo

Botanischer Name:	*Rubus idaeus*
Herkunft:	Orient (vermutlich)
Verbreitung:	Europa, Asien, Nordamerika
Standort:	Waldrand, Böschungen, Lichtungen, Gärten
Familie:	Rosengewächse (Rosaceae)
Blütezeit:	Mai bis Juni
Höhe:	bis 2 Meter
Sammelgut und -zeit:	Blätter: Mai bis Juni, Beeren: Juli bis August
Inhaltsstoffe:	
Blätter:	Gerbstoff, ätherische Öle, organische Säuren
Früchte:	Aromastoffe, Fruchtsäuren, Pektine, Provitamin A, Vitamin E, Vitamin C, B-Vitamine, Mineralstoffe (Kalzium, Kalium, Phosphor, Magnesium, Eisen)
Volksnamen:	Mollbeere, Hohlbeere, Katzenbeere, Madebeere, Haarbeere, Runzelbeere, Waldhimbeere

sie im Flachland und bis hinauf in die Gebirgsregionen. Je höher der Standort und je karger der Boden ist, desto aromatischer schmecken die Beeren.
Der Himbeerstrauch gehört zur Familie der Rosenblütler und erreicht eine Höhe von bis zu 2 Metern. Er vermehrt sich durch Ausläufer, seine rutenartigen Schösslinge sind stachelig und verholzen im ersten Jahr. An den Seitentrieben sitzen im Mai und Juni die weiß-rosa gefärbten Blüten. Die Blätter ähneln denen des Brombeerstrauchs, sie sind hellgrün, die Unterseite ist weißfilzig.
Die Himbeere ist eine Sammelsteinfrucht und schmeckt fruchtig-aromatisch. Feinschmecker schätzen diese Wildfrucht, denn sie ist vielseitig kulinarisch verwendbar und sehr kalorienarm. Kultivierte Himbeersträucher werden auch in Gärten gesetzt oder gewerbsmäßig angebaut.
Es gibt ein umfangreiches Himbeersortiment für den Eigenanbau. Bei der Sortenwahl sollte man besonders darauf achten, wie kalt der Winter am Standort wird.

Wirkung

Himbeerblätter wirken wie Brombeerblätter leicht adstringierend (zusammenziehend), sie eignen sich zur Behandlung von Schleimhautentzündungen im Mund und Rachenbereich. Die Gerbstoffe in den Blättern haben eine heilende Wirkung bei Durchfall und sind die wichtigsten Inhaltsstoffe.
Himbeersaft wirkt fiebersenkend und ist ein gut schmeckender Gesundheitstrunk. Mit Wasser verdünnt stärkt und kühlt er bei fieberhaften Erkrankungen. Die reifen Früchte enthalten wertvolle Aromastoffe und Fruchtsäuren zur Anregung der Verdauung, außerdem sind sie sehr kalorienarm: Sie enthalten nur 32 Kalorien je 100 Gramm! Der beachtliche Kaliumgehalt von 169 Milligramm je 100 Gramm in den Früchten hat eine leicht entwässernde Wirkung. Insgesamt sind Himbeeren vielseitige Vitamin- und Mineralstoffspender und leckere „Schlankmacher".

Ernte und Verarbeitung

Hier gilt Ähnliches zu beachten wie bei Brombeeren. Die Blätter sind bevorzugt vor der Blüte zu sammeln. Himbeerblätter sind empfindlich und müssen rasch getrocknet werden. Man legt sie entweder wie Brombeerblätter gleich nach dem Sammeln auf einen stoffbespannten Holzrahmen und stellt sie in einen luftigen Raum. Oder sie werden auf einem sauberen Backblech locker ausgelegt und im Backofen bei einer Temperatur unter 40 Grad Celsius getrocknet. Die Tür einen Spalt offen lassen, damit die Feuchtigkeit entweichen kann, anschließend in Dosen oder Gläser luftdicht verpacken.
Die vollreifen Früchte erntet man Ende Juli bis August. Himbeeren sind Weichfrüchte, sie schimmeln leicht und können nur kurz gelagert werden.
Beim Verlesen der Himbeeren auf Maden achten, denn diese mögen die Früchte besonders gern!

Waldhimbeeren müssen unter fließendem Wasser gut gewaschen werden. Dies ist eine Vorsichtsmaßnahme, da Fuchsbandwurmeier an den feinen Härchen der Früchte besser haften können als an den glatten Oberflächen der Brombeere. Wer ganz sicher sein will, kann die Himbeeren auf über 80 Grad erhitzen oder nur Gartenhimbeeren roh verzehren. Allerdings sollte man nicht zu ängstlich sein, denn Angst kann auch krank machen!

Alte Volksweisheit zur Himbeere:

„Blüht im Juni der Strauch im vollen Licht, große Beeren er verspricht."

Rezepte aus Himbeerblättern und -früchten

Himbeerblättertee

Zutaten:

1 geh. TL getr. Himbeerblätter
$^1/_8$ l kochendes Wasser
Zitronensaft oder Honig nach Geschmack

Zubereitung:

① Die Himbeerblätter mit kochendem Wasser übergießen.
② 10 bis 15 Minuten ziehen lassen.
③ Nach Belieben Zitronensaft oder Honig zugeben.

Teemischung gegen Erkältung

Zubereitung:

① 1 Teelöffel der Teemischung mit 150 ml kochendem Wasser aufbrühen.
② 5 bis 10 Minuten ziehen lassen, abseihen.
③ Nach Belieben mit Honig süßen.
④ Drei- bis viermal täglich eine Tasse Tee trinken.

Zutaten:

20 g Himbeerblätter
20 g Holunderblüten
20 g Hibiskusblüten
10 g Spitzwegerichblätter
1 EL Anis oder Fenchelsamen (zerstoßen)
Honig nach Geschmack

Himbeerquarkspeise

Zubereitung:

① Die Himbeeren verlesen, waschen und im Sieb abtropfen lassen.
② Quark, Vanillezucker, Zucker, Zitronensaft und Milch mit dem Handrührgerät schaumig schlagen.
③ Die Himbeeren unterheben, einige Beeren zur Garnierung beiseitelegen.
④ Die Himbeerquarkspeise in einer Schüssel anrichten und vor dem Servieren mit den restlichen Himbeeren garnieren.

Zutaten:

250 g Himbeeren
250 g Magerquark
1 Pck. Vanillezucker
4 EL Zucker
Saft von 1 Zitrone
$^{1}/_{8}$ l Milch

Himbeerfruchtpaste roh gerührt

Zutaten:

100 g frische Himbeeren
1 TL Löwenzahnsirup
1 Pr. gem. Zimt

Zubereitung:

① Die Himbeeren verlesen, waschen, gut abtropfen lassen.
② Die Himbeeren mit der Gabel zerdrücken.
③ Mit Löwenzahnsirup und Zimt abschmecken.

➧ Ein schneller, fruchtig süßer Brotaufstrich, der frisch verbraucht werden sollte, da die Haltbarkeit begrenzt ist.

Tipp

Die Himbeerpaste kann auch zum Süßen von Joghurt und Quark verwendet werden.

Himbeercreme „Morgenröte“

Zutaten:

6 Blatt weiße Gelatine
600 g Vollmilchjoghurt
60 g Zucker oder Honig
Saft von 1 Zitrone
250 g Himbeeren
200 g süße Sahne
50 g Mandelblätter

Zubereitung:

① Die Gelatine im kalten Wasser einweichen, ausdrücken und im warmen Wasserbad auflösen.
② Den Joghurt in eine Schüssel geben und mit Zucker (oder Honig), Zitronensaft und Gelatine zu einer Joghurtcreme vermischen.
③ Mit dem Schneebesen gut durchschlagen und kalt stellen.
④ Inzwischen die Himbeeren im Mixer pürieren (4 Himbeeren zurücklassen).
⑤ Das Himbeerpüree in Gläser verteilen.
⑥ Die Sahne steif schlagen und unter die Joghurtcreme mischen.
⑦ Die Joghurtcreme über das Himbeerpüree geben und kalt stellen.
⑧ Die Mandeln in der Pfanne goldgelb rösten, abkühlen lassen.
⑨ Die fertige Creme vor dem Servieren mit Himbeeren und Mandelblättern garnieren.

Himbeeren mit Eischaum überbacken

Zubereitung:

① Die Himbeeren verlesen, waschen und im Sieb abtropfen lassen.
② In eine gefettete Auflaufform füllen.
③ Das kalte Eiweiß mit Zitronensaft und Zucker schnittfest schlagen.
④ Die Eischaummasse über die Himbeeren geben.
⑤ Im vorgeheizten Backofen bei circa 180 Grad den Eischaum 10 bis 15 Minuten goldgelb überbacken.
⑥ Mit Puderzucker bestreuen und sofort servieren.

Zutaten:

400 g Himbeeren
Butter für die Form
4 frische Eiweiß
1 TL Zitronensaft
4 EL Zucker
Puderzucker zum Garnieren

Tipp
Ein sehr leichtes Dessert.

Himbeer-Bananen-Dessert

Zubereitung:

① Die Himbeeren verlesen, waschen und abtropfen lassen.
② Die Bananen schälen, in Scheiben schneiden und mit Zitronensaft beträufeln.
③ Das Ei trennen.
④ Den Quark mit Eigelb, Sahne, Honig und Vanillezucker cremig rühren.
⑤ Das Eiweiß steif schlagen und unter die Quarkcreme heben.
⑥ Die Bananenscheiben und Himbeeren schichtweise mit der Quarkcreme in eine Glasschale oder in Gläser füllen und mit Himbeeren garnieren.

Zutaten:

250 g Himbeeren
2 kl. Bananen
1 EL Zitronensaft
1 frisches Ei
250 g Magerquark
125 g Sahne
2–3 EL Honig
1 Pck. Vanillezucker

Tipp Es können auch tiefgefrorene Himbeeren verwendet werden!

Himbeer-Apfel-Biskuitauflauf

Tipp Auch kalt schmeckt der Auflauf sehr gut.

Zutaten:

Für die Fruchtmasse:
300 g Himbeeren
500 g Äpfel
$^{1}/_{8}$ l Wasser
Saft von 1 Zitrone
50 g Zucker
Butter für die Form

Für den Biskuitteig:
4 Eier
100 g Zucker
1 Pck. Vanillezucker
100 g Mehl (Type 1050)

Zubereitung:

① Für die Fruchtmasse die Himbeeren verlesen, kurz waschen, gut abtropfen lassen.
② Die Äpfel waschen, schälen, halbieren und die Kerngehäuse entfernen.
③ Das Wasser mit dem Zitronensaft und Zucker in einem Topf zum Kochen bringen.
④ Die Äpfel in diesem Sud halbweich kochen.
⑤ Die Äpfel auf ein Sieb legen, abtropfen lassen.
⑥ Den Boden einer Auflaufform mit Butter einfetten.
⑦ Die abgetropften Apfelhälften hineinlegen.
⑧ Die Himbeeren darüberstreuen, eventuell leicht zuckern.
⑨ Für den Biskuitteig die Eier trennen.
⑩ Den Eischnee sehr steif schlagen, kalt stellen.
⑪ Aus Eigelb, Zucker und Vanillezucker eine Schaummasse herstellen.
⑫ Den steifen Eischnee auf die Schaummasse geben.

⑬ Das Mehl darübersieben, mit dem Schneebesen locker unterheben – nicht rühren.
⑭ Den lockeren Teig über das Obst geben.
⑮ Im vorgeheizten Backofen bei circa 180 Grad 20 bis 30 Minuten goldgelb backen.
⑯ Heiß mit Vanille- oder Weinschaumsoße (siehe folgendes Rezept) servieren.

Weinschaumsoße

Tipp
Eignet sich zu Biskuitspeisen, Aufläufen oder warmem Pudding.

Zubereitung:

① Ein Ei trennen, Eischnee sehr steif schlagen und kalt stellen.
② Eigelb, das andere ganze Ei, Zucker und Zitronenschale in einen halbhohen Topf geben.
③ Das Stärkemehl mit dem elektrischen Handrührgerät unterrühren.
④ Den Wein zufügen.
⑤ Die Masse erhitzen und so lange schlagen, bis sie aufpufft.
⑥ Sofort vom Herd nehmen, den Zitronensaft zugeben und kurz weiterschlagen.
⑦ Den Eischnee unter die heiße Masse heben.

Zutaten:

2 Eier
80 g Zucker
abger. Schale von
1 unbeh. Zitrone
1 EL Stärkemehl
$^1/_2$ l Weißwein
2 EL Zitronensaft

Heiße Himbeeren auf Eis

Zubereitung:

① Die Himbeeren mit dem Zucker erhitzen, ohne dass die Früchte zerfallen.
② Mit Himbeergeist abschmecken.
③ Das Vanilleeis auf vier Glasschälchen verteilen.
④ Die heißen Himbeeren darübergeben.
⑤ Mit Schlagsahne garnieren.

Zutaten:

250 g Himbeeren
2 EL Zucker
3 EL Himbeergeist
500 g Vanilleeis
200 g Schlagsahne

Tipp
Auch ohne Himbeergeist ein Genuss!

Kornelkirsche – Bienenweide im Frühling

Die Kornelkirsche gehört zur Familie der Hartriegelgewächse und ist ein sommergrüner Strauch oder Baum mit sparrigen Zweigen. Die gelben Blüten

Kurzinfo

Botanischer Name:	*Cornus mas*
Herkunft:	Kleinasien, Kaukasien
Verbreitung:	Europa, Asien, Mittelgebirge, unter anderem Harzregion, Fränkischer Jura, Thüringen
Standort:	Kalkhaltiger Boden, lichte Laubwälder, sonnige Hänge, Feldraine, Hecken
Familie:	Hartriegelgewächse (Cornaceae)
Blütezeit:	ab Februar
Höhe:	Büsche und Bäume 3 bis 6 Meter
Sammelgut und -zeit:	Früchte ab August
Inhaltsstoffe:	Gerbstoffe, Vitamine, Mineralstoffe, Anthocyane, Gallussäure, Ellagsäure, Rutin, Glykoside
Volksnamen:	Gelber Hartriegel, Dirndlbeere, Herlitze, Hirlitze, Dürrlitzenstrauch

erscheinen im zeitigen Frühjahr, oft schon im Februar, bevor die Blätter austreiben. An sonnigen Felshängen, im Mittelgebirge oder in Weinbaugebieten gedeiht die Pflanze besonders gut.
Hartriegel, wie die Kornelkirsche auch genannt wird, eignet sich gut für Heckenbepflanzungen und bietet sich wegen der frühen Blüte als Bienenweide an.
Die Gehölze gedeihen auf kalkhaltigem Boden. In Baumschulen gibt es Sorten mit großen Früchten für den Kulturanbau.

Wirkung

Die Kornelkirsche ist ein Vitaminspender, stärkt das Immunsystem und bietet Zellschutz durch Anthocyane und Ellagsäure. Die Gerbstoffe haben eine adstringierende (zusammenziehende) Wirkung im Magen-Darm-Bereich und helfen bei Durchfallerkrankungen. Die Äbtissin und Medizinerin Hildegard von Bingen sagte im 12. Jahrhundert zur Wirkung der Kornelkirsche:

„Sie reinigt den kranken und schwachen Magen, sie ist der Gesundheit dienlich."

Ernte und Verarbeitung

Die scharlachroten glänzenden Steinfrüchte sind länglich oval, bis 2 Zentimeter lang und schmecken säuerlich. Sie werden geerntet, kurz bevor sie von den Zweigen fallen, wenn sie dunkelrot und vollreif sind.
Man kann die Früchte wie Sauerkirschen zu Saft, Gelee, Marmelade oder Chutney verarbeiten. Das Chutney passt besonders gut zu Fleisch- und Wildgerichten und hat einen säuerlich pikanten Geschmack.

Tipp

Kornelkirschen nach der Ernte einfrieren, das mindert den Säuregehalt.

Kornelkirschenmus

Zutaten:

Kornelkirschen
Wasser

Zubereitung:

① Die gewaschenen Früchte in einen Topf geben, mit kaltem Wasser bedecken und weich kochen.
② Die gegarten Früchte durch ein Sieb passieren (Flotte Lotte).

➡ Da die Ausbeute aufgrund der relativ großen Steine nicht sehr groß ist, kann das Konzentrat auch mit anderem Obst, zum Beispiel reifen Birnen, Äpfeln oder Pflaumen, kombiniert werden. Die daraus zubereitete Marmelade bekommt so eine besondere Geschmacksnote.

Kornelkirschensaft

Zutaten:

2 kg reife Kornelkirschen
Zucker nach Geschmack

Zubereitung:

① Die Kornelkirschen waschen und abtropfen lassen.
② In einen Topf geben, mit Wasser bedecken und weich kochen.
③ Den Saft durch ein feines Sieb abtropfen lassen.
④ Nach Geschmack mit Zucker süßen.
⑤ Den Saft nochmals aufkochen und heiß in saubere Twist-off-Gläser füllen, sofort verschließen.

➡ Kornelkirschensaft ist ein Vitaminspender und Durstlöscher, er kann auch mit Mineralwasser verdünnt werden.

Tipp

Bei größeren Fruchtmengen Dampfentsafter verwenden.

Kornelkirschenmarmelade

Zubereitung:

① Die Birnen waschen, schälen und klein schneiden.
② Die Birnen mit wenig Wasser und Zitronensaft kochen, bis sie weich sind und zerfallen, eventuell zu Mus stampfen.
③ Birnen- und Kornelkirschenmus mischen, Zitronenschale und Gelierzucker zugeben.
④ Einige Minuten (nach Packungsangabe) kochen, dabei umrühren, damit nichts anbrennt.
⑤ Heiß in saubere Twist-off-Gläser füllen und sofort verschließen.

Zutaten:

500 g reife Birnen
500 g Kornelkirschenmus
Saft und Schale von 1 unbeh. Zitrone
1 kg Gelierzucker (1:1)

Kornelkirschen-gelee

Zutaten:

$^1/_2$ l Kornelkirschensaft
$^1/_4$ l Sauerkirschensaft
1 kg Gelierzucker (1 : 1)

Zubereitung:

① Den Saft mit dem Gelierzucker in einen Topf geben.
② Unter Rühren zum Kochen bringen.
③ 4 Minuten sprudelnd kochen, dabei abschäumen.
④ Gelierprobe machen.
⑤ Heiß in saubere Twist-off-Gläser füllen, sofort verschließen.

Gelierprobe:
Ein paar Tropfen heißes Gelee auf einen kalten Porzellanteller geben, einige Minuten abkühlen lassen. Wird das Gelee fest, hat es die richtige Konsistenz und kann abgefüllt werden.

Kornelkirschen-chutney

Zutaten:

1 kg Kornelkirschen
1 rote Zwiebel
1 Knoblauchzehe
50 g frische Ingwerwurzel
5–6 Pimentkörner
Saft und Schale von
1 unbeh. Zitrone
250 g Rohrzucker
50 g Rosinen
$^1/_4$ l Rotweinessig
1–2 frische Lorbeerblätter
Salz zum Abschmecken

Zubereitung:

① Die Kornelkirschen waschen und entsteinen (mit Kirschenentsteiner).
② Die Zwiebel und den Knoblauch schälen, fein hacken.
③ Die Ingwerwurzel schälen und hacken.
④ Den Piment im Mörser stoßen.
⑤ Die Kornelkirschen mit allen übrigen Zutaten in einen Topf geben und aufkochen.
⑥ Weiter köcheln lassen, bis die Masse eine breiige Konsistenz hat, dabei öfter umrühren.
⑦ Die Lorbeerblätter entfernen.
⑧ Mit Salz abschmecken.
⑨ Das eingedickte Chutney heiß in saubere Twist-off-Gläser füllen und sofort verschließen.

Tipp

Das pikant säuerliche Chutney passt zu Braten, Wild und Fondue.

Kornelkirschen süßsauer eingelegt

Zubereitung:

① Die Kornelkirschen waschen, abtropfen lassen.
② Mit einer Nadel oder einem Holzstäbchen mehrfach anstechen.
③ Die Früchte in einen großen Steintopf legen.
④ Wein, Essig, Ingwerwurzel, Gewürznelken, Zitronenschale und Zucker aufkochen und heiß über die Kornelkirschen gießen.
⑤ Den Steintopf abdecken und 24 Stunden ruhen lassen.
⑥ Den Sud abgießen, aufkochen und wieder heiß über die Früchte gießen.
⑦ Das Gleiche noch zweimal nach jeweils 24 Stunden wiederholen.
⑧ Beim letzten Mal die Kornelkirschen in Twist-off-Gläser füllen, den heißen Sud über die Früchte gießen, sodass alle Früchte bedeckt sind.
⑨ Die Gläser sofort verschließen.

Zutaten:

750 g Kornelkirschen
3/8 l Rotwein
1/8 l Rotweinessig
1 Stück Ingwerwurzel
5 Gewürznelken
abger. Schale von
1 unbeh. Zitrone
500 g Rohrzucker

Tipp

Eingelegte Kornelkirschen schmecken gut als Beilage zu gebratenem Fleisch, Wild, Geflügel und Steaks. Auch Schattenmorellen oder Wildkirschen können so eingelegt werden.

Kornelkirschenlikör

Zubereitung:

① Die Kornelkirschen waschen, trocken tupfen.
② Die Früchte mehrfach mit einer Nadel einstechen.
③ Früchte, Kandis und Vanilleschote in ein großes Glas geben.
④ Mit Kirschwasser auffüllen.
⑤ Das Glas gut verschließen und auf die warme Fensterbank stellen.
⑥ Täglich einmal schütteln.
⑦ Den Liköransatz 6 bis 8 Wochen ziehen lassen.
⑧ Dann filtern und in saubere Flaschen füllen, nachreifen lassen.

Zutaten:

400 g reife Kornelkirschen
150 g weißer Kandis
1 Vanilleschote
3/4 l Kirschwasser (40 %)

Preiselbeere – Heilkraft aus dem Wald

Die Preiselbeere wächst als immergrüner Zwergstrauch in Kiefernwäldern, auf sauren, moorigen Böden, an sonnigen Waldhängen und im lichten Hochwald, in den Alpen in bis zu 3000 Meter Höhe.

Kurzinfo

Botanischer Name:	*Vaccinium vitis idaea*
Herkunft:	Nordamerika
Verbreitung:	Nord- und Mitteleuropa, Nordamerika, Nordasien
Standort:	Nadelwälder, Moore, Heide, saurer Boden
Familie:	Heidekrautgewächse (Ericaceae)
Blütezeit:	Mai bis Juni
Höhe:	20 bis 30 Zentimeter
Sammelgut und -zeit:	Früchte: Juli bis September
Inhaltsstoffe:	
Blätter:	Gerbstoffe, Arbutin, Hydrochinon
Früchte:	Pektine, organische Säuren, Vitamine, Mineralstoffe, Gerbstoffe, Flavonoide (Anthocyane)
Volksnamen:	Kronsbeere, Jägerbeere, Grandelbeere, Sauerbeere, Moosbeere, Fuchsbeere, Wilder Buchsbaum

Die Blätter der Preiselbeere sind eiförmig und haben eine ledrige Struktur. Die Oberseite ist dunkelgrün, die Unterseite hellgrün und punktiert, der Rand ist leicht zurückgerollt.
Von Mai bis Juni erscheinen die glockenförmigen weißen und oft rötlich angehauchten Blüten. Sie hängen in Trauben an den Zweigspitzen.
Die scharlachroten Beeren (Steinfrüchte) reifen von Spätsommer bis Herbst. Ihr Geschmack ist herb säuerlich und roh sind sie nicht genießbar, aber sie lassen sich gut verarbeiten und sind als Beilage aus der Gourmetküche kaum wegzudenken.
Ein Großteil der verarbeiteten Preiselbeeren wird aus den skandinavischen Ländern importiert. Preiselbeeren können aber auch in heimischen Gärten angebaut werden, sie eignen sich als Bodendecker oder Beeteinfassungen und stellen ähnliche Kulturansprüche wie die Heidelbeere. In Spezialgärtnereien und Baumschulen gibt es verschiedene Sorten.
Die Moosbeere *(Vaccinium oxycoccus)* ist mit der Preiselbeere verwandt; ihre Früchte sind auch rot, aber größer und im Geschmack saurer. Nach den ersten Nachtfrösten sind sie wie Preiselbeeren zu genießen.

Wirkung

In der Volksmedizin wird der Tee aus Preiselbeerblättern bei Blasen- und Nierenleiden, Gicht und Rheuma empfohlen. Diese Anwendung ist heute umstritten, da bei längerer Einnahme eine chronische Hydrochinonvergiftung möglich ist, ähnlich wie bei Heidelbeerblättertee. Vor dem Kauf von Teemischungen mit Preiselbeerblättern sollte man sich medizinisch beraten lassen. Der Satz: „Die Dosis ist entscheidend, ob etwas Heilmittel oder Gift ist" *(Paracelsus)*, gilt auch hier.
Die Beeren sind unbedenklich und können sogar vor Harnwegsinfektionen schützen, wie aktuelle Forschungsergebnisse bestätigen. Die Pflanzeninhaltsstoffe (Proanthocyane) verhindern, dass sich Bakterien in die Schleimhäute einnisten können. Dass Preiselbeeren eine desinfizierende Wirkung haben, wussten schon unsere Vorfahren, denn sie wuschen Wunden mit Preiselbeersaft aus. Die Früchte wirken außerdem adstringierend (zusammenziehend) und eignen sich aufgrund ihres Gerbstoff- und Pektingehalts als Mittel gegen Durchfallerkrankungen. Auch bei Gicht, Rheuma und Fieber wird ihnen eine positive Unterstützung zugeschrieben. Sie gelten als verdauungsfördernd, weil sie die Magensäure stimulieren.

Die aus Nordamerika stammende Cranberry hat ähnliche entzündungshemmende und antibakterielle Eigenschaften wie die Preiselbeere. Diese Beeren sind auch in Deutschland von Oktober bis Dezember erhältlich.
Fertigen Preiselbeer- oder Cranberrysaft zur Vorbeugung von Harnwegsinfekten gibt es auch in Apotheken oder Reformhäusern.

Ernte und Verarbeitung

Preiselbeeren sind einfach zu ernten: Die Büsche haben keine Stacheln und die Früchte sind fest und matschen nicht. Sobald die Beeren dunkelrot sind, werden sie gepflückt und weiterverarbeitet, zum Beispiel gekocht, entsaftet oder eingefroren. Zum Rohverzehr eignen sie sich nicht. Der charakteristische herbe Geschmack gekochter Preiselbeeren passt vorzüglich zu Wild- und Geflügelgerichten.
Der hohe Pektingehalt in den Früchten prädestiniert sie für Marmeladen und Konfitüren und ermöglicht eine gute Kombination mit Äpfeln und Birnen. Für den verwöhnten Gaumen sind besonders Preiselbeertorte, -kuchen, -omelett, -cocktail und -likör ein Genuss. Nicht zu vergessen den Klassiker: „Gebackener Camembert mit Preiselbeeren".

Preiselbeerkompott

Zutaten:

2,5 kg Preiselbeeren
$^{1}/_{2}$ l Wasser
1 kg Zucker
2 TL Zimt

Zubereitung:

① Die Preiselbeeren waschen, verlesen, abtropfen lassen.
② Die Preiselbeeren mit dem Wasser in einen Kochtopf geben.
③ Zucker und Zimt darüberstreuen.
④ Zugedeckt 30 Minuten stehen lassen.
⑤ Die Früchte bei schwacher Hitze zum Kochen bringen.
⑥ Unter häufigem Umrühren die Beeren weich kochen.
⑦ Den Schaum abschöpfen.
⑧ Heiß in saubere Twist-off-Gläser füllen.

Tipp

Preiselbeerkompott ist vielseitig verwendbar, zum Beispiel für Fleisch- und Wildgerichte.

Tipp

Für dieses Preiselbeerkompott kann auch brauner Zucker, Kandis oder Fruchtzucker verwendet werden.

Tipp
Dazu passt gebutterter Toast oder Baguette.

Preiselbeeren mit gebackenem Camembert und Salbeimäuschen

Zubereitung:

① Die Salbeiblätter waschen.
② Die Camemberts mit Pfeffer würzen.
③ Die Eier mit 2 Esslöffeln Milch in einer kleinen Schüssel verquirlen.
④ Die Camemberts in Mehl wenden.
⑤ Dann in die Eiermilch tauchen.
⑥ Sofort im Paniermehl umdrehen.
⑦ Öl zum Ausbacken in der Pfanne erhitzen, es sollte 1 bis 2 Zentimeter eingefüllt werden.
⑧ Die Camemberts beidseitig goldgelb ausbacken, anschließend warm stellen.
⑨ Die Salbeiblätter am Stiel anfassen und in der restlichen Panade wenden.
⑩ Im Fett goldgelb backen.
⑪ Die Camemberts auf vorgewärmten Tellern anrichten.
⑫ Mit Salbeimäuschen und Preiselbeerkompott garnieren und heiß servieren.

Zutaten:

8 frische Salbeiblätter (mit Stiel)
4 Camemberts à 100 g (30 % Fett)
Pfeffer aus der Mühle
2 Eier
2 EL Milch
4 EL Mehl (Type 1050)
50 g Paniermehl
Pflanzenöl zum Ausbacken
200 g Preiselbeerkompott

Preiselbeertorte „Linzer Art“

Zutaten:

Für den Teig:
125 g Butter
125 g Zucker
2 Eier
1 TL Zimt
1 TL Kakao
1 Msp. Nelken
1 Pck. Vanillezucker
abger. Schale von
1/2 unbeh. Zitrone
250 g Mehl
(Type 1050)
125 g ger. Haselnüsse
Butter für die Form
1 Eigelb

Für die Füllung:
1 Glas Preiselbeer-
kompott
(Füllgewicht 400 g)
1 TL Zimt
1 Pr. Kardamom
Zucker nach Bedarf
Puderzucker

Zubereitung:

① Für den Teig die Butter mit dem Zucker schaumig rühren.
② Die Eier und die Gewürze zugeben, verrühren.
③ Das Mehl sieben und mit den geriebenen Haselnüssen mischen.
④ Alles zu einem glatten Teig verkneten.
⑤ Den Teig kalt stellen.
⑥ Eine Springform (26 Zentimeter Durchmesser) mit Butter ausfetten.
⑦ Zwei Drittel des Teiges ausrollen, in die Springform legen und einen 2 Zentimeter hohen Rand mit der Hand festdrücken.
⑧ Den Mürbeteigboden mit der Gabel einstechen.
⑨ Das Preiselbeerkompott mit Zimt und Kardamom mischen.
⑩ Nach Bedarf mit Zucker abschmecken.
⑪ Die Preiselbeeren auf dem Teigboden verteilen.
⑫ Den restlichen Teig ausrollen und mit dem Teigrädchen in 1 Zentimeter breite Streifen schneiden.
⑬ Die Streifen gitterförmig auf die Preiselbeeren legen.
⑭ Das Eigelb mit 1 Teelöffel Wasser verrühren und mit einem Pinsel die Teigstreifen und den Teigrand bestreichen.
⑮ Die Torte in den Backofen schieben (mittlere Schiene), bei 180 Grad 45 bis 50 Minuten backen.
⑯ Vor dem Anschneiden 1 bis 2 Tage durchziehen lassen und mit Puderzucker bestreuen.

Tipp

Nach dem Auskühlen mit Alufolie abdecken, dann bleibt die Torte saftig.

Tipp

Anstelle von Zucker kann auch Honig oder Rübensirup verwendet werden.

Preiselbeerfruchtschnee

Zubereitung:

1. Das Eiweiß mit dem Handrührgerät sehr steif schlagen, dabei Zitronensaft und Salz zugeben.
2. Löffelweise das Preiselbeerkompott unterheben (2 Löffel zum Garnieren zurückbehalten).
3. Die Schaummasse so lange schlagen, bis sie sehr steif und glänzend ist.
4. Die Sahne steif schlagen und die Hälfte davon unter den Preiselbeerschaum heben. Mit Zucker und Zimt abschmecken.
5. In hohen Gläsern oder in einer Schale anrichten.
6. Mit der restlichen Schlagsahne und Preiselbeerkompott garnieren und kalt servieren.

Zutaten:

3 Eiweiß (kalt)
Saft von 1/2 Zitrone
1 Pr. Salz
200 g Preiselbeerkompott
200 g Schlagsahne
Zucker zum Abschmecken
1 Pr. gem. Zimt

Tipp

Zucker ist nur notwendig, wenn das Kompott nicht gesüßt ist.

Tipp

Wer Kalorien reduzieren möchte, kann auf die Schlagsahne verzichten.

Preiselbeerdessert rot-weiß-schwarz

Zubereitung:

1. Den Quark mit Milch und Vanillezucker glatt rühren und mit Zucker abschmecken.
2. Den Pumpernickel fein zerbröseln und mit Kirschwasser beträufeln.
3. Quark, Pumpernickel und Preiselbeerkonfitüre in 4 Gläser schichten. Die oberste Schicht sollte aus Quark bestehen.
4. Die Mandelstifte mit Butter und etwas Zucker karamellisieren. Die Mandelstifte abkühlen lassen und damit das Dessert garnieren.

Zutaten:

500 g Quark
1/4 l Milch
1 Pck. Vanillezucker
Zucker nach Geschmack
4 Scheiben Pumpernickel
2 EL Kirschwasser
1 Glas Preiselbeerkonfitüre (Füllgewicht 400 g)
50 g Mandelstifte
1 EL Butter
1 EL Zucker

Preiselbeermixmilch

Zutaten:

4 EL Preiselbeerkonfitüre
3 EL Zucker
1 EL Zitronensaft
1 l Buttermilch

Zubereitung:

① Die Preiselbeerkonfitüre mit Zucker und Zitronensaft im Mixer pürieren.
② Die Buttermilch zugeben, gut durchmixen und kühl servieren.

Preiselbeeren-Apfel-Pie

Zutaten:

250 g Mehl (Typ 1050)
170 g Butter
6 EL kaltes Wasser
1 Pr. Salz
1 kg säuerliche Äpfel
Fett für die Form
100 g gem. Mandeln
1 Msp. Zimt
200 g Preiselbeeren, gesüßt (aus dem Glas)
1 Eigelb
Puderzucker

Zubereitung:

① Das Mehl sieben und mit Butter, Wasser und Salz zu einem geschmeidigen Knetteig verarbeiten.
② Den Teig circa 1 Stunde kalt stellen.
③ Die Äpfel waschen, schälen, die Kerngehäuse entfernen und die Früchte in dünne Scheiben schneiden.
④ Eine Pieform oder Springform (Durchmesser 24 Zentimeter) einfetten.
⑤ Die Hälfte des Teiges auf einer bemehlten Arbeitsfläche ausrollen und die Backform damit auslegen, den Rand etwas hochdrücken.
⑥ Die gemahlenen Mandeln daraufstreuen.
⑦ Die Apfelscheiben auflegen und mit Zimt bestreuen.
⑧ Die Preiselbeeren darübergeben.
⑨ Den restlichen Teig zu einem Deckel ausrollen, auf die Füllung legen und festdrücken.
⑩ Die Teigoberfläche mit einer Gabel mehrfach einstechen.
⑪ Das Eigelb mit 2 Esslöffeln Wasser verrühren und den Teigdeckel damit einpinseln.
⑫ Die Form auf die mittlere Schiene im vorgeheizten Backofen (180 bis 200 Grad) schieben und 40 bis 50 Minuten backen.

Tipp

Mit Puderzucker bestreuen und warm servieren. Dazu passen Vanillesoße, Sahne oder Vanilleeis.

Quitte – goldene Frucht der Antike

Die Quitte wird „Königin des Obstgartens“ genannt, denn mit ihren leuchtend gelben Früchten putzt sie sich im Herbst besonders heraus und stellt damit ihre artverwandten „Geschwister“ Apfel und Birne in den Schatten.

Quitte

Kurzinfo

Botanischer Name:	*Cydonia oblonga*
Herkunft:	Kaukasus und Persien
Verbreitung:	Europa, Asien
Standort:	Gärten und Parkanlagen
Familie:	Rosengewächse (Rosaceae)
Blütezeit:	Mai bis Juni
Höhe:	5 Meter
Sammelgut und -zeit:	Früchte im September/Oktober
Inhaltsstoffe:	Gerbstoff (Tannin), Schleimstoffe, Fruchtsäuren, Pektin, Vitamine, Mineralstoffe, Flavonoide und Blausäure in den Kernen
Volksnamen:	Schmeckbirne, Köttenbaum, Quittich

Quittenbäume wurden schon vor 4000 Jahren kultiviert und gehören zu den ältesten Kernobstarten. Die Pflanze stammt ursprünglich aus den Wäldern des Kaukasus und Nordpersiens, von dort kam sie über den Mittelmeerraum in unsere Gefilde, hier gedeiht sie im milden Weinbergklima besonders gut.
Zahlreiche Legenden ranken sich um den „goldenen Apfel". In der griechischen Mythologie galt die Quitte als heilige Frucht der Aphrodite: Symbol für Liebe, Fruchtbarkeit und Glück, deshalb gehörte sie auch zu jedem Hochzeitsmahl. Die Mischung aus lieblichem Wohlgeschmack des Fruchtfleisches und der gleichzeitige herbe Beigeschmack symbolisierten Freud und Leid der Ehe.
Die goldene Frucht des Quittenbaumes hat nicht nur eine große Geschichte, die heute fast vergessen ist, sie bereichert auch die gesunde Ernährung und besitzt die Eigenschaft eines kulinarischen Multitalents. Quitten eignen sich hervorragend zur Herstellung von Saft, Mus, Gelee, Konfitüre, Likör, Quittenbrot und Wildfruchtkonfekt. Selbst pikante Chutneys lassen sich daraus kreieren.

Wirkung

Quitten wirken entzündungshemmend und adstringierend (zusammenziehend). Die Quittenschale enthält ätherische Öle, die feuchtigkeitsbindende Eigenschaften haben. Als überliefertes Heilmittel gilt Quittenmus bei Magen-Darm-Erkrankungen (zum Beispiel Durchfall) wegen seines hohen Pektingehalts und der Gerbstoffe.
Eine Schale Quittenmus (mit Schale gekocht) vor jeder Mahlzeit gegessen soll gegen Gicht helfen. Gegen rauen Hals hilft Quitten-Gel: Dazu ganze Quittenkerne mit frischem Wasser bedecken und köcheln, bis schleimartiges Gel entsteht. Mit diesem Gel mehrmals am Tag gurgeln.

Alte Volksweisheit:

„Schwangere Frauen bringen schöne, sinnreiche und geschickte Kinder zur Welt, wenn sie reichlich Quitten essen."

Ernte und Verarbeitung

Quitten sollten erst verarbeitet werden, wenn sie gut ausgereift sind und sich die grüne Grundfarbe in leuchtendes Gelb verwandelt hat. Die Früchte halten sehr lange (circa zehn Wochen) und können wie Äpfel kühl gelagert aufbewahrt werden.

Aufgrund des hohen Tanningehalts können Quitten nicht roh gegessen werden, erst durch Kochen verschwinden diese Gerbstoffe.

Zum Entsaften von Quitten den Flaum der Früchte mit einem Tuch abreiben. Die Früchte waschen, mit der Schale klein schneiden und knapp mit Wasser bedeckt weich kochen (Dampfkochtopf). Den Saft durch ein Sieb ablaufen lassen. Den Quittensaft zur Geleezubereitung verwenden! Die Fruchtstücke durch ein Sieb (Flotte Lotte) streichen. Aus dem Fruchtmark Marmelade oder Quittenbrot herstellen.

Tipp

In der Adventszeit einige Quitten in die warme Stube legen, dann verbreiten sie einen herrlichen Duft und eine behagliche Atmosphäre.

Rezepte aus Quitten

Quittengelee

Zubereitung:

① Den Quittensaft mit der Vanilleschote und dem Gelierzucker kalt verrühren.
② Zum Kochen bringen und 4 Minuten sprudelnd kochen lassen.
③ Die Vanilleschote entfernen, das Gelee heiß in saubere Twist-off-Gläser füllen und sofort verschließen.

Zutaten:

3/4 l Quittensaft
1 Vanilleschote
1 kg Gelierzucker

Variante

Für ein fruchtiges Quitten-Holunder-Gelee mischen Sie 1/2 Liter Quittensaft und 1/4 Liter Holundersaft mit 1 Kilogramm Gelierzucker und bereiten es wie das Quittengelee zu.

Tipp

Die Vanilleschote kann öfter verwendet werden, wenn man sie nach dem Mitkochen abwäscht und trocknet.

Quittenmarmelade

Zutaten:

1 kg Quittenmus
1 kg Gelierzucker (1:1)
Saft von 1 Zitrone
2 Kardamomkapseln

Zubereitung:

① Quittenmus und Gelierzucker in einen Topf geben und mit Zitronensaft mischen.
② Den Kardamomsamen aus den Kapseln nehmen, mit dem Mörser fein zerstoßen und unter die Fruchtmasse geben.
③ Alles zum Kochen bringen, dabei gut umrühren, damit nichts anbrennt.
④ Nach Packungsanleitung kochen.
⑤ Sofort heiß in saubere Twist-off-Gläser füllen, verschließen und beschriften.

Quittenbrot

Zubereitung:

① Das kalte Quittenmus mit dem Gelierzucker und der Vanilleschote verrühren.
② Unter Rühren zum Kochen bringen (Vorsicht, brennt leicht an!) und 4 Minuten unter ständigem Rühren kochen.
③ Pergamentpapier oder Alufolie auf ein Blech legen und mit Öl leicht einpinseln.
④ Das Quittenmus circa 1 Zentimeter dick aufstreichen.
⑤ 2 bis 3 Tage an der Luft (nicht im Ofen!) trocknen und dann in Rauten oder Streifen schneiden.
⑥ Den Zucker mit dem Vanillezucker mischen und das geschnittene Quittenbrot darin wälzen, einige Tage nachtrocknen lassen.
⑦ In Blechdosen aufbewahren.

Zutaten:

500 g Quittenfruchtmark (Rückstände der Saftzubereitung)
500 g Gelierzucker
1 Vanilleschote
Hagelzucker oder grober Kristallzucker
Vanillezucker

Tipp

Quittenbrot hält sich mehrere Monate und eignet sich gut für eine Gebäckmischung mit Plätzchen.

Quitten in Weinbrandsirup

Tipp

Passt zum Garnieren von Desserts, zum Beispiel Pudding, Eis und vieles mehr.

Zutaten:

500 g Quitten
500 g Einmachzucker
1/8 l Wasser
Saft und Schale von 1 unbeh. Zitrone
50 g Sultaninen
1/8 l Weinbrand

Zubereitung:

① Die Quitten gut abreiben, waschen, schälen und vierteln.
② Die Kerngehäuse entfernen.
③ Die Quittenviertel in feine Scheiben schneiden.
④ Den Zucker mit Wasser, Zitronensaft und Zitronenschale aufkochen und 5 Minuten kochen lassen.
⑤ Die Quittenscheiben dazugeben, weitere 5 Minuten kochen.
⑥ Die gewaschenen Sultaninen zufügen, nochmals 5 Minuten bei schwacher Hitze kochen.
⑦ Nach dem Abkühlen den Weinbrand unterrühren, in saubere Twist-off-Gläser füllen und verschließen.

Quittenlikör „Vergessenes Gold"

Zutaten:

600 g Quitten (mit Schale), geraspelt
0,7 l Wodka
Schale von 1 unbeh. Zitrone
300 g Zucker
1 EL ganze Quittenkerne

Zubereitung:

① Die geraspelten Quitten in ein großes Schraubglas füllen.
② Wodka, Zitronenschale, Zucker und Quittenkerne dazugeben und alles gut mischen.
③ Das Glas gut verschließen, täglich einmal schütteln.
④ Nach 6 bis 8 Wochen absieben und den Likör in Flaschen füllen.
⑤ Mindestens 6 Monate nachreifen lassen.

Weihnachtlicher Quittenlikör

Zutaten:

$^1/_2$ l Quittensaft
$^1/_2$ l Korn (38 %)
200 g weißer Kandis
10 ganze Mandeln
10 g Koriandersamen (gestoßen)

Zubereitung:

① Den Quittensaft mit dem Korn mischen.
② Kandis, Mandeln und Koriander in eine große Weithalsflasche geben.
③ Den Quittensaft und Korn darübergießen und gut verschließen.
④ Den Ansatz täglich einmal schütteln.
⑤ Nach 6 bis 8 Wochen absieben, in Flaschen füllen und noch einige Wochen stehen lassen.

Feine Quitten-Kürbis-Suppe

Zubereitung:

① Die Zwiebel in Butter andünsten
② Kürbis-, Quitten-, Möhren- und Ingwerwürfel zugeben, kurz dünsten und mit Weißwein ablöschen.
③ Die Gemüsebrühe zugeben und zugedeckt 10 bis 15 Minuten garen.
④ Die Suppe pürieren und mit Salz und Pfeffer abschmecken.
⑤ Den Schmand mit dem Schneebesen cremig schlagen.
⑥ Die Suppe anrichten und jede Portion mit einem Klecks Schmand und etwas Dill garnieren.

Zutaten:

1 Zwiebel, gewürfelt
2 TL Butter
200 g Kürbis, gewürfelt
200 g Quitten, gewürfelt
1–2 Möhren, gewürfelt
1 EL Ingwer, gewürfelt
$^1/_8$ l Weißwein
1 l Gemüsebrühe
Salz, Pfeffer
100 g Schmand
1 Sträußchen Dill

Quittenchutney mit Weißwein

Zutaten:

$^{1}/_{2}$ frische Chilischote
1 Zwiebel
$^{1}/_{2}$ fingergroßes Stück frischer Ingwer
500 g Quittenmus
100 g Zucker
$^{1}/_{8}$ l Weißwein
5 Wacholderbeeren
1 Schuss Obstessig
1 Pr. Salz

Zubereitung:

① Die Chilischote entkernen und fein hacken.
② Zwiebel und Ingwer schälen und würfeln.
③ Das Quittenmus mit allen Zutaten in einen Topf geben und 10 bis 15 Minuten kochen, dabei gut umrühren.
④ Abschmecken, heiß in saubere Twist-off-Gläser füllen, sofort verschließen und beschriften.

Gewürzquitten

Zubereitung:

① Den Quittenflaum mit einem Tuch abreiben.
② Die Quitten waschen und mit Schale in Achtel schneiden, dabei die Kerngehäuse entfernen.
③ Die Quitten in einen Kochtopf geben und mit kaltem Wasser bedecken. 15 Minuten kochen und dann abkühlen lassen.
④ Aus Essig, Zucker, Quittensud und den Gewürzen einen Gewürzsud kochen.
⑤ Die Quitten zugeben und alles kurz aufwallen lassen.
⑥ Einen Tag zugedeckt stehen lassen, dann wieder erhitzen.
⑦ Die Früchte mit einem Schaumlöffel herausheben und in saubere Twist-off-Gläser füllen.
⑧ Den Sud aufkochen und sofort heiß über die Quitten gießen, die Früchte müssen bedeckt sein.
⑨ Die Gläser sofort verschließen, abkühlen lassen und beschriften.

Zutaten:

1 kg Quitten
$^1/_4$ l Rotweinessig
400 g Rohrzucker
$^1/_4$ l Quittensud
1 EL Gewürznelken
1 Zimtstange
5 Pimentkörner

Tipp

Gewürzquitten sind eine schmackhafte Beilage zu Gänse-, Enten- und Schweinebraten oder Wildbret.

Quitte

Quittenkompott

Zubereitung:

① Die Quitten mit einem Tuch abreiben, schälen, entkernen und in Würfel schneiden.
② Die Quitten mit Wasser aufsetzen.
③ Wein, Zucker und Gewürze zugeben, die Früchte sollen bedeckt sein.
④ Zugedeckt circa 30 Minuten weich kochen.
⑤ Das fertige Kompott kalt servieren.

Zutaten:

1 kg reife Quitten
$^1/_4$ l Weißwein
250 g Zucker
$^1/_2$ Zimtstange
Schale von 1 unbeh. Zitrone
4–5 Gewürznelken

Tipp

Das Kochen im Dampfdrucktopf verkürzt die Garzeit auf 10 Minuten.

Sanddorn – leuchtende Powerfrucht

Im asiatischen Raum wird Sanddorn seit über 2000 Jahren für Heilzwecke genutzt. In Europa wurde er erst im Mittelalter in den Kräuterbüchern erwähnt. Die volkstümlichen Bezeichnungen sagen etwas über den Standort

Kurzinfo

Botanischer Name:	*Hippophae rhamnoides*
Herkunft:	Asien
Verbreitung:	Europa, Nordasien
Standort:	Küstenlandschaft, Gebirgsflüsse, Gärten, Parkanlagen
Familie:	Ölweidengewächse (Elaeagnaceae)
Blütezeit:	März bis Mai
Höhe:	bis 5 Meter
Sammelgut und -zeit:	Früchte: August bis September
Inhaltsstoffe:	
Früchte:	viel Vitamin C (je nach Standort 200 bis 1200 Milligramm pro 100 Gramm Frucht), Provitamin A (Carotin), Vitamine der B-Gruppe, Vitamin E, Flavonoide, Mineralstoffe, Spurenelemente, ätherische Öle, Fruchtsäuren
Volksnamen:	Seedorn, Sandbeere, Dünendorn, Haftdorn

des Dornenstrauchs aus: Man trifft ihn bevorzugt in den Küstenregionen des Nordens, dort wird der Sanddorn auch als Pionierpflanze zum Befestigen von Dünen, Dämmen und Böschungen verwendet. Wir finden den Sanddorn aber nicht nur an der See, sondern ebenso auf den Schotterflächen der Gebirgsflüsse. Er ist anspruchslos, kommt auch mit extremen Temperaturen zurecht und stellt keine besonderen Ansprüche an den Boden. Der Strauch wird bis zu 5 Meter hoch und gehört zur Familie der Ölweidengewächse. Seine Blätter ähneln den Blättern der Weide, sie sind an der Unterseite silberweiß und oben mattgrün. Die Zweige enden in einem spitzen Dorn.
Beim Anbau von Sanddorn ist zu bedenken, dass immer eine weibliche und eine männliche Pflanze in Nachbarschaft stehen müssen. Nur die weiblichen Pflanzen tragen Früchte, sie werden vom Wind bestäubt. Die unscheinbaren Blüten erscheinen von März bis Mai, daraus reifen die leuchtend orangefarbenen Beeren (Scheinfrüchte). Typisch ist ihr herbsaurer Geschmack und der sehr hohe Vitamin-C-Gehalt; damit übertrifft Sanddorn alle heimischen Beerenfrüchte.
Der botanische Name Hippophae rhamnoides leitet sich von der früheren Verwendung der Sanddornbeeren als Augenheilmittel für Pferde ab: Das griechische „hippos" bedeutet Pferd und „phaos" Licht. „Rhamnoides" deutet darauf hin, dass der Sanddorn den Kreuzdorngewächsen ähnelt.

Wirkung

Das breite Spektrum der Pflanzeninhaltsstoffe räumt dem Sanddorn einen besonderen Stellenwert ein. Sanddornfrüchte haben als Multivitaminspender einen positiven Einfluss auf den menschlichen Organismus. Die Vitamine, Mineralstoffe und sekundären Pflanzenstoffe, zum Beispiel Flavonoide, stimulieren das Immunsystem und wirken vorbeugend gegen Entzündungen, Erkältungskrankheiten und Herzinfarkt. Sie regen die Wasserausscheidung an, verbessern den Stoffwechsel und stärken die körpereigene Widerstandskraft. Die hochwertigen pflanzlichen Öle, die aus den Früchten und Samen des Sanddorns gewonnen werden, spielen eine Rolle in der Pharmazie sowie bei kosmetischen Produkten.

Ernte und Verarbeitung

Die Früchte des Sanddorns reifen in der Zeit von Ende August bis Mitte September. Die Ernte ist nicht einfach, da die Fruchthaut der saftreichen orangefarbenen Beeren dünn ist und leicht platzen kann, sodass der wertvolle Saft verspritzt.
Eine schonende Erntemethode: Die reifen Beeren mit einer Nagelschere von den Zweigen über einem vorher ausgebreiteten Tuch oder einer weiten Schüssel abschneiden, sodass die herunterfallenden Früchte aufgefangen werden können. Danach können die Beeren zu Saft, Sirup, Konfitüre oder Marmelade verarbeitet werden. Wer sich diese Mühe sparen möchte oder keinen Sanddornstrauch hat, kann fertige Sanddornprodukte in Reformhäusern und Naturkostläden bekommen.

Sanddorn-Vitaminkur

Tipp
Auch gefrostete Früchte eignen sich dafür!

Zutaten:

frische vollreife Sanddornbeeren
Wasser
Honig nach Belieben

Zubereitung:

① Die Sanddornbeeren mit einer Saftzentrifuge entsaften oder durch ein Sieb rühren.
② Das gewonnene Fruchtkonzentrat im Verhältnis 1:5 mit Wasser verdünnen, nach Belieben mit Honig süßen und dreimal täglich ein Glas trinken.

Sanddornsaft

Zutaten:

1 kg Sanddornbeeren
Wasser
300 g Zucker

Tipp
Anstelle von Zucker kann auch Honig genommen werden.

Zubereitung:

① Die Sanddornbeeren in einen Topf geben.
② Gut mit Wasser bedeckt zum Kochen bringen und bei mäßiger Hitze durchkochen lassen.
③ Den Fruchtbrei durch ein Safttuch streichen.
④ Den gewonnenen Saft abmessen.
⑤ Auf 1 Liter Flüssigkeit 300 Gramm Zucker geben.
⑥ Gut verrühren.
⑦ Alles aufkochen und 5 Minuten kochen lassen.
⑧ Heiß in saubere Twist-off-Flaschen füllen und sofort verschließen.

Sanddorn-Joghurt-Drink

(für 1 Person)

Zutaten:

200 g Naturjoghurt
2–3 EL Vollfrucht-sanddorn mit Honig (Reformhaus)
1/4 l Mineralwasser

Zubereitung:

① Alle Zutaten mixen und sofort servieren.

➡ Ein schnell zubereiteter Drink mit viel Vitamin C zur Stärkung der körpereigenen Abwehrkräfte.

Sanddorn-Pfirsich-Mixmilch

Zubereitung:

① Die Pfirsichhälften abtropfen lassen und in Würfel schneiden.
② Die Pfirsiche und den Sanddornsaft mit der Milch in einem Mixer pürieren.
③ Mit Honig abschmecken.
④ In hohe Gläser füllen, mit Sanddornsaft verzieren und sehr kalt servieren.

➡ Ein gesundes Getränk auch für Kinder oder Berufstätige, die wenig Zeit zum Kochen haben.

Zutaten:

4 Pfirsichhälften (aus der Dose)
5 EL Sanddornsaft
$^{3}/_{4}$ l kalte Vollmilch
Honig zum Süßen

Sanddorn-Mandel-Creme

Zutaten:

250 g Magerquark
200 g Vollmilchjoghurt
50 g Honig
1 Pck. Vanillezucker
1 Eigelb
Saft von 1 Zitrone
4 EL Sanddornsaft oder -sirup
50 g ger. Mandeln
1 Eiweiß

Zum Garnieren:
3 EL Sanddornsirup
geschälte Mandelkerne

Zubereitung:

① Den Quark mit Joghurt, Honig, Vanillezucker, Eigelb, Zitronensaft und Sanddornsaft oder -sirup in einer Schüssel gut verrühren.
② Die geriebenen Mandeln unter die Creme rühren.
③ Das Eiweiß steif schlagen, unter die Creme heben.
④ In kleinen Schälchen anrichten, mit Sanddornsirup und Mandelkernen garnieren.

Sanddorn-Obst-Müsli

Zutaten:

500 g gemischtes Obst (Äpfel, Orangen, frische Beeren)
5 EL gehackte Mandeln
4 EL grobe Haferflocken
500 g Kefir
3–4 EL Sanddornsaft
Honig zum Süßen

Zubereitung:

① Die Äpfel und Orangen schälen und zerkleinern.
② Die Beeren verlesen, waschen und abtropfen lassen.
③ Das vorbereitete Obst in eine Schüssel geben.
④ Mandeln und Haferflocken darüberstreuen.
⑤ Den Kefir mit Sanddornsaft verrühren, nach Geschmack mit Honig süßen.
⑥ Die Mischung über die Müslizutaten geben.
⑦ Alles gut mischen und sofort servieren.

Tipp

Auch Bananen, Kiwis und Rosinen passen ins Müsli, wenn keine frischen Beeren vorhanden sind.

Sanddornmakronen

Zubereitung:

1. Das Eiweiß in einer Schüssel sehr steif schlagen.
2. Den Puderzucker daraufsieben.
3. Den Sanddornsaft und die Kokosraspeln zugeben.
4. Alle Zutaten vorsichtig mit dem Schneebesen unterheben.
5. Den Backofen auf 130 Grad vorheizen.
6. Mit zwei Teelöffeln kleine Teighäufchen auf die Oblaten setzen.
7. Nach Belieben in die Mitte einen Tupfer Sanddornmarmelade geben.
8. Die Bleche sofort in den Ofen schieben und 15 bis 20 Minuten bei 130 bis 150 Grad hell backen.

Zutaten:

3 Eiweiß
125 g Puderzucker
3 EL Sanddornsaft
200 g Kokosraspeln
Backoblaten
Sanddornmarmelade zum Verzieren

Tipp

Makronen sollten außen knusprig und innen etwas weich sein.

Sanddorngelee

Zutaten:

$^1/_2$ l Sanddornsaft, ungesüßt
$^1/_4$ l Birnensaft
1 Pck. Vanillezucker
1 kg Gelierzucker (1 : 1)

Zubereitung:

1. Den Sanddorn- und Birnensaft mit Vanillezucker und Gelierzucker in einen Kochtopf geben.
2. Alles unter Rühren zum Kochen bringen.
3. 4 Minuten kochen lassen, dabei den Schaum abschöpfen.
4. Heiß in saubere Twist-off-Gläser füllen und sofort verschließen.

Schlehe – zarte Blüte, herbe Frucht

Der Schlehenstrauch „besticht“ durch seine spitzen Dornen, was ihm auch den Namen Schlehdorn eingebracht hat. Die widerspenstige Pflanze wird bis zu 3 Meter hoch und wir finden sie häufig in Form von Hecken auf kalkreichen

Kurzinfo

Botanischer Name:	*Prunus spinosa*
Herkunft:	Europa
Verbreitung:	Europa, Westasien, Nordafrika, Kaukasus
Standort:	sonnige Lage, kalkhaltiger Boden, Hecken, Feldraine
Familie:	Rosengewächse (Rosaceae)
Blütezeit:	März bis April
Höhe:	1 bis 3 Meter
Sammelgut und -zeit:	Blüten: März bis April, Früchte: Oktober bis November
Inhaltsstoffe:	Gerbstoffe, Bitterstoffe, Flavone, Fruchtsäuren, Spuren von Blausäureglykosid, Vitamin C
Volksnamen:	Schlehdorn, Schwarzdorn, Hagedorn, Sauerpflaume, Haferpflaume

Böden, an sonnigen Hängen, Feldrainen und Waldrändern. Schlehenhecken bieten hervorragenden Schutzraum für Vögel und Kleintiere.
Im zeitigen Frühjahr sind die bizarren schwarzen Zweige mit einem duftenden weißen Blütenflor überzogen. Erst nach der ersten Blüte zeigen sich die zarten grünen Blätter. Die herb-sauren Steinfrüchte entwickeln sich im Lauf des Sommers, sie sind zunächst grün und später dunkelblau bereift. Der Volksmund bezeichnet die Schlehe auch als „wilde Schwester" der Pflaume.

Wirkung

Blüten und Blätter haben eine leicht abführende, harntreibende und blutreinigende Wirkung. In der Volksmedizin gilt das aus reifen Früchten hergestellte Schlehenmus als magenstärkend, verdauungsfördernd und appetitanregend.
Schlehenfruchtsaft stärkt die körpereigenen Abwehrkräfte und hat aufgrund des Gerbstoffgehalts eine positive Wirkung bei Hals- und Zahnfleischbeschwerden.

Ernte und Verarbeitung

Die Blüten sammelt man unmittelbar nach dem Aufblühen und trocknet sie sorgfältig an einem schattigen Platz. Nach der Blütezeit werden die Blätter gepflückt und ebenfalls getrocknet.
Erntezeit für die Früchte ist der Spätherbst, wenn sie die ersten Nachtfröste überstanden haben und dadurch milder im Geschmack geworden sind. Wer die Natur überlisten möchte, kann die Schlehen einige Tage ins Tiefkühlfach legen.
Roh sind Schlehen nicht genießbar, weil sie extrem herb und sauer schmecken, aber man kann daraus zum Beispiel Marmelade, Saft und köstlichen Likör herstellen.

Schlehe

Bauernregeln:

„Viel Schlehen im November – kommt ein gar strenger Winter."

„Je eher im April der Schlehdorn blüht, desto früher der Schnitter zur Ernte zieht."

Rezepte aus Schlehenblüten und -früchten

Schlehenblütentee

Zutaten:

2 TL getr. Schlehenblüten
$^{1}/_{4}$ l kochendes Wasser

Zubereitung:

① Die Schlehenblüten in eine Tasse geben und mit kochendem Wasser überbrühen. 10 Minuten ziehen lassen und abseihen.
② Zwei Tassen Tee pro Tag trinken. Die Blüten können auch mit den Blättern gemischt werden.

➡ Dieser Tee hat eine leicht abführende, blutreinigende Wirkung.

Tipp

Schlehenblütentee kann mit dem köstlichen Schlehenblütensirup (siehe Rezept Seite 103) gesüßt werden.

Großmutters Schlehenmus

Zutaten:

1 kg Schlehen
Zucker nach Bedarf
1 TL gem. Zimt
4 Gewürznelken

Zubereitung:

① Die reifen Schlehenfrüchte verlesen, waschen und im Sieb abtropfen lassen.
② Nach Bedarf einige Tage ins Tiefkühlfach legen.
③ Dann die Schlehen in einen Kochtopf schütten und knapp mit Wasser bedecken.
④ Kochen, bis das Fruchtmark sich von den Steinen löst.
⑤ Die gekochten Schlehen durch ein Sieb (Flotte Lotte) rühren und die Steine entfernen.
⑥ Das so gewonnene Fruchtmark wiegen und mit der gleichen Menge Zucker und den Gewürzen wieder in den Kochtopf geben.
⑦ Bei mittlerer Hitze das Schlehenmus 30 Minuten schwach kochen, dabei umrühren, damit sich nichts am Topfboden festsetzt.
⑧ Heiß in saubere Twist-off-Gläser füllen, sofort verschließen. Kühl aufbewahren.

➡ Stärkt den Magen und ist gut gegen Appetitlosigkeit.

Tipp

Schlehenmus kann mit 2 bis 3 Äpfeln ergänzt werden, dann schmeckt es lieblicher.

Schlehenlikör „Aufgesetzter“

Zubereitung:

① Die Schlehen waschen, abtropfen lassen.
② In eine Weithalsflasche füllen.
③ Den Kandis und die aufgeschnittene Vanillestange zugeben.
④ Alles mit Korn bedecken.
⑤ Die Flasche verschließen und auf die Fensterbank stellen.
⑥ Täglich einmal schütteln.
⑦ Nach 6 Wochen den Ansatz durch ein Sieb gießen.
⑧ Den dunkelroten Likör in eine dekorative Flasche füllen.

Zutaten:

300 g reife Schlehen
150 g brauner Kandis
1 Vanillestange
$^{3}/_{4}$ l Korn (38 %)

Zutaten:

2 kg Schlehen
3 l Wasser
300 g Zucker
1 Zimtstange
5 Gewürznelken
3 Kardamomkapseln

Schlehensaft

Zubereitung:

① Die reifen Schlehen verlesen, waschen, in einen Topf geben.
② Das Wasser zum Kochen bringen und heiß über die Früchte gießen.
③ Den Ansatz zudecken und an einem kühlen Ort einen Tag ziehen lassen.
④ Am nächsten Tag die Flüssigkeit durch ein Sieb gießen, aufkochen, erneut über die Früchte gießen und einen weiteren Tag stehen lassen.
⑤ Diesen Vorgang noch einmal wiederholen.
⑥ Am dritten Tag den dunkelroten Saft absieben, mit Zucker, Zimt, Nelken und Kardamom mischen, 10 Minuten kochen.
⑦ Den fertigen Saft heiß in saubere Flaschen füllen und sofort verschließen.

➧ Der Saft eignet sich gut als Heißgetränk für kalte Tage. Er stärkt die inneren Abwehrkräfte.

Tipp

Schlehensaft (ungesüßt) kann auch zu Schlehengelee verarbeitet werden.

Schlehen-Teepunsch

Zutaten:

3 TL schwarzer Tee
$^1/_2$ l Wasser
$^1/_4$ l Schlehensaft
Saft von 1 Apfelsine
Zucker nach Bedarf

Zubereitung:

① Den Tee mit kochendem Wasser übergießen, 4 Minuten ziehen lassen.
② Den Tee abgießen und mit Schlehensaft, Apfelsinensaft und Zucker mischen.
③ Den Punsch erhitzen und heiß trinken.

Schlehenblütengelee

Zubereitung:

① Die Schlehenblüten und Löwenzahnblütenblätter in ein Gefäß geben.
② Den Apfelsaft und Zitronensaft über die Blüten gießen.
③ 24 Stunden an einem kühlen Platz zugedeckt stehen lassen, dann abseihen.
④ Den Blütenauszug mit Gelierzucker mischen und im Kochtopf unter ständigem Rühren erhitzen.
⑤ 4 Minuten sprudelnd kochen lassen.
⑥ In saubere Twist-off-Gläser füllen, sofort verschließen.

Zutaten:

1 gr. Tasse frische Schlehenblüten
1 gr. Tasse frische Löwenzahnblütenblätter
3/4 l Apfelsaft
Saft von 1 Zitrone
1 kg Gelierzucker

Tipp

Die gelben Löwenzahnblütenblätter müssen aus den grünen Hüllenblättern gezupft werden, sonst wird das Gelee leicht bitter!

Schlehenblütensirup mit Ingwer

Tipp

Dieser wunderbar duftende Sirup eignet sich zum Süßen von Tees und Desserts.

Zubereitung:

① Die Schlehenblüten in einen Topf geben, mit kaltem Wasser übergießen und langsam aufkochen.
② Den Blütenansatz 12 Stunden zugedeckt stehen lassen, abseihen, die Blüten ausdrücken.
③ Den Blütenauszug mit Zucker mischen.
④ Die Ingwerwurzel dünn schälen, in Scheiben schneiden und in die Flüssigkeit geben.
⑤ Die Flüssigkeit so lange leicht kochen, bis eine Sirupkonsistenz entsteht.
⑥ In saubere Twist-off-Gläser oder -Flaschen füllen und verschließen.

Zutaten:

2 gr. Tassen frische Schlehenblüten
1/2 l Wasser
500 g Zucker
30 g frische Ingwerwurzel

Zutaten:

1/2 l Schlehensaft (ungesüßt)
1/4 l Holundersaft (ungesüßt)
1 kg Gelierzucker

Schlehen-Holunder-Gelee

Zubereitung:

① Die Säfte in einen Topf geben.
② Kalt mit Gelierzucker mischen.
③ 4 Minuten sprudelnd kochen, falls erforderlich abschäumen.
④ Heiß in Twist-off-Gläser füllen und sofort verschließen.

Tipp

Anstelle von Holundersaft kann auch Apfel- oder Birnensaft genommen werden.

Zutaten:

1 kg reife Schlehen
3/4 l Wasser
Saft von 1 Zitrone
1/4 l Rotwein
1 TL gem. Sternanis
500 g Gelierzucker

Schlehenmarmelade mit Rotwein

Zubereitung:

① Die reifen Schlehen verlesen, gut waschen.
② In einen Topf geben und mit Wasser kochen, bis das Fruchtfleisch sich von den Steinen löst.
③ Anschließend durch ein Sieb rühren (Flotte Lotte).
④ Das Fruchtmus mit Zitronensaft, Rotwein, Sternanis und Gelierzucker mischen.
⑤ Unter ständigem Rühren zum Kochen bringen. 6 Minuten sprudelnd kochen.
⑥ In saubere Twist-off-Gläser füllen und sofort verschließen.

Schlehen süßsauer eingelegt

Zutaten:

2 kg Schlehen
$^1/_2$ l Rotwein
$^1/_4$ l Essig
250 g brauner Kandis
1 Zimtstange
1 Vanilleschote
6 Gewürznelken
3 EL Senfkörner
abger. Schale von
1 unbeh. Zitrone

Zubereitung:

① Die frisch gesammelten Schlehen waschen, abtropfen lassen und jede Beere mit einer Stopfnadel einige Male einstechen.
② Den Rotwein mit dem Essig, dem Kandiszucker und allen Gewürzen sowie der dünn geschälten Zitronenschale aufkochen.
③ Die Schlehen portionsweise für jeweils 3 Minuten in die siedende Flüssigkeit legen.
④ Die Früchte mit dem Schaumlöffel aus der Flüssigkeit nehmen und in Gläser oder einen Steintopf füllen.
⑤ Den Sud mit den Gewürzen darübergießen und die Gläser oder den Topf gut verschließen.

➡ Die eingelegten Schlehen halten sich etwa sechs Monate.

Tipp

Statt Schlehen können auch Pflaumen verwendet werden. Dazu die Pflaumen waschen, abtropfen lassen, eventuell halbieren und entkernen, dann genauso zubereiten wie die Schlehen.

Tipp

Eine pikante Beilage zu Fleischgerichten, speziell Wild, aber auch zu Süßspeisen und Eiscreme.

Schlehenmus

Zutaten:

500 g reife Schlehen
500 g entsteinte Pflaumen
$^1/_2$ l roter Traubensaft
Saft von 1 Zitrone
1 Pr. Zimt
1 Pr. Nelken
1 kg Gelierzucker (1 : 1)

Zubereitung:

① Die Früchte im Traubensaft aufkochen und 20 Minuten köcheln lassen.
② Die Früchte durch ein Sieb streichen (Flotte Lotte).
③ Die Menge abmessen, eventuell mit Traubensaft auf 750 Milliliter auffüllen.
④ Zitronensaft, Gewürze und Gelierzucker zugeben.
⑤ Alles circa 5 Minuten kochen, abschäumen.
⑥ Heiß in Twist-Off-Gläser füllen und sofort verschließen.

Schwarzer Holunder – vielseitig und gesund

Die Geschichte des Holunders reicht bis in die Keltenzeit zurück. Er ist ein sagenumwobener Strauch und galt als Wohnstätte der Frau Holle. Holunder repräsentierte Heil und Tod. Holunderzweige wurden früher auf das Totenbett

Kurzinfo

Botanischer Name:	*Sambucus nigra*
Herkunft:	Europa
Verbreitung:	Europa, Nordafrika, West- und Mittelasien
Standort:	Gärten, Feldflur, Waldrand, Nähe menschlicher Siedlungen
Familie:	Geißblattgewächse (Caprifoliaceae)
Blütezeit:	Mai bis Juni
Höhe:	bis 10 Meter
Sammelgut und -zeit:	Blüten: Mai bis Juni, Früchte: September
Inhaltsstoffe:	Glykoside (schweißtreibend), Flavonoide, ätherische Öle, Gerbstoffe, Vitamine, Mineralstoffe
Volksnamen:	Fliederbeere, Holler, Holder, Schwarzholder, Husholder, Kisseke, Schwitztee

gelegt. Holunder war aber auch Baum des Lebens und der Wiedergeburt. Er spielte bei den Festen der Kelten als Kultpflanze eine große Rolle. In späteren Jahrhunderten galt Holunder als heilig; so durfte er bei unseren Vorfahren nicht abgehackt werden, sie meinten, das würde Unglück bringen. Bis heute schätzt man Holunder aber vor allem als wichtige „Naturapotheke".

Alte Volksweisheit:

„Zieh deinen Hut, wenn du am Holunderstrauch vorbeigehst, und verneige dich."

Die Blüten und Früchte des Holunders lassen sich vielseitig verwenden. Er ist nicht nur ein bewährtes Hausmittel, sondern lässt sich wie kaum eine andere Wildpflanze zu zahlreichen kulinarischen Köstlichkeiten verarbeiten: Gebackene Holunderblüten, Desserts, Gelees, Marmeladen, Suppen, Likör, Punsch, Sirup, Erfrischungsgetränke und vieles mehr kann man aus Blüten und Früchten herstellen.
Eigentlich prägte Holunder immer das heimische Dorfbild, denn er bevorzugt die Nähe menschlicher Behausungen; er wächst gern an Stallungen, Scheunen und im Garten.
Holunder gehört zur Familie der Geißblattgewächse, er ist anspruchslos und sehr verbreitet. Dazu tragen auch die Vögel bei: Sie fressen die Früchte und verteilen mit ihrem Kot die Samen. Der Same keimt überall, besonders auf nährstoffreichen Böden und Dungstätten.

Wirkung

Blüten und Früchte haben eine schweißtreibende Wirkung und mobilisieren unsere körpereigenen Abwehrkräfte besonders gegen Erkältungskrankheiten. Darüber hinaus wird Holunderblütentee als unterstützendes Hausmittel gegen Rheuma eingesetzt.
Blätter und Rinde sollten nicht verwendet werden, sie enthalten ebenso wie die unreifen Holunderbeeren ein Blausäure abspaltendes Glykosid und können Übelkeit hervorrufen. Darum nur die reifen Früchte ernten und auch keine rohen Beeren

essen. Besonders Kinder sollten darauf hingewiesen werden. Durch das Erhitzen beim Entsaften wird die Blausäure der Beeren unschädlich gemacht.

Holunderbeerensaft ist sehr zu empfehlen, er ist reich an Vitaminen und Mineralstoffen und ist daher nicht nur ein bewährtes Mittel gegen Erkältungskrankheiten.

Ernte und Verarbeitung

Der Holunderbusch liefert im Frühjahr und im Herbst reiche Ernte.

Die Blütendolden werden zu Beginn der Blütezeit im Mai/Juni abgeschnitten, daraus lassen sich viele interessante Rezepte zubereiten oder heilsame Tees herstellen. Beim Trocknen der Blüten ist zu beachten, dass sie sehr empfindlich sind!

Zum Trocknen der Blüten die Holunderblütendolden bei sonnigem Wetter abschneiden, nicht waschen. Dicke Stiele entfernen, locker auf einem mit Stoff bespannten Holzrahmen ausbreiten, sodass von unten und oben Luft an die Blüten kommen kann. Die getrockneten Blüten sollten eine goldgelbe Farbe haben und noch angenehm und intensiv duften! Sind die Blüten durch unsachgemäßes Trocknen braun fermentiert, haben sie keine Heilwirkung mehr. Trocknen sollte man weder im Backofen noch in der prallen Sonne.

Die Beeren werden im Frühherbst (September) geerntet, wenn sie blauschwarz und reif sind. Für den Rohverzehr sind sie nicht geeignet. Man kann sie kochen oder für die Vorratshaltung entsaften. Holunderbeeren eignen sich auch gut zum Einfrieren. Die frisch gepflückten reifen Beeren werden von den Dolden gezupft. Nach dem gründlichen Waschen sollte man sie gut abtropfen lassen und in Portionen einfrieren.

Vorsicht vor Verwechslung:

Zur Familie der Geißblattgewächse gehört auch der giftige Zwergholunder (Attich), der ebenfalls weiße Doldenblüten trägt und oft in der Nähe des Schwarzen Holunders wächst. Es handelt sich dabei um eine krautige Staude, die nur 150 Zentimeter hoch wird.

Alte Volksweisheit:

Holunderblüten am Johannistag (24.6.) galten als besonders heilkräftig, daher hieß der Johannistag auch „Holdertag".

„Holunderblüte macht die Hühner müde."

Bäuerinnen beobachten, dass in dieser Zeit die Hühner weniger Eier legen.

Rezepte aus Holunderblüten und -früchten

Heißer Holunderbeersaft gegen Erkältung

Zutaten:

100 ml Holundersaft (mit Dampfentsafter gewonnen)
100 ml kochendes Wasser oder Früchtetee
Saft von $^1/_2$ Zitrone
Honig nach Geschmack

Zubereitung:

① Den Holundersaft in eine Tasse gießen.
② Kochendes Wasser und Zitronensaft zugeben.
③ Mit Honig abschmecken, umrühren und sofort trinken – bei Schnupfen und Erkältung mehrmals täglich.

Achtung:
Den mit dem Dampfentsafter gewonnenen Saft nicht pur verwenden, er ist sehr konzentriert und kann starkes Herzklopfen hervorrufen!

Holunderblütentee

Zutaten:

$^1/_4$ l Wasser
2 geh. TL getr. Holunderblüten

Zubereitung:

① Das Wasser zum Kochen bringen, die Holunderblüten damit übergießen und 10 Minuten ziehen lassen.
② Heiß trinken, um fieberhafte Erkältungen zu kurieren.

➡ Zur Vorbeugung und bei rheumatischen Beschwerden genügt 1 Teelöffel voll Holunderblütentee auf $^1/_4$ Liter Wasser. Um eine Wirkung zu erzielen, sollte man drei Wochen täglich drei Tassen kurmäßig trinken. Holunderblütentee ist in Apotheken und im Kräuterfachhandel erhältlich. Die Blütendolden können natürlich auch selbst gesammelt werden.

Holunderblütenküchle

Zutaten:

200 g Mehl
2 Eier (getrennt)
2 TL Öl
1/4 l Milch oder dunkles Bier
1 Pr. Salz
Ausbackfett
12–15 frische Holunderblütendolden
Zucker und Zimt zum Bestreuen

Zubereitung:

① Das Mehl in eine Schüssel sieben und mit Eigelb, Öl, Milch (oder Bier) und Salz zu einem Teig verrühren.
② Den Eischnee schlagen und unterziehen.
③ Fett in einem Topf erhitzen.
④ Die Blütendolden in den Backteig eintauchen und im heißen Fett schwimmend ausbacken.
⑤ Auf Küchenkrepp abtropfen lassen, mit Zucker und Zimt bestreuen und heiß servieren.

Tipp:
Frische Holunderblütendolden locker in einen Korb legen, kleine Insekten verschwinden dann von selbst. Die frischen Blüten möglichst nicht waschen, sonst wird das Gebäck nicht locker. Sollten die Blütendolden gewaschen werden, sehr gut abtupfen!

Holunderblütenmilch

(für 2 Personen)

Zutaten:

3 frische Holunderblütendolden
1/2 l Milch
1 Pck. Vanillezucker
1–2 EL Zucker

Zubereitung:

① Die Holunderblütendolden mit der Milch in einen Topf geben.
② Die Milch erhitzen und 10 Minuten ziehen lassen.
③ Die Holunderblüten entfernen.
④ Die heiße Milch mit Vanillezucker und Zucker abschmecken.
⑤ Heiß oder kalt trinken.

Zutaten:

25 frische Holunderblütendolden
3 l Wasser
2 kg Zucker
2 unbeh. Zitronen
60 g Zitronensäurepulver

Holunderblütensirup „Heuernte"

Zubereitung:

① Frische saubere Holunderblütendolden 1 bis 2 Stunden locker auslegen, damit eventuell kleine Käfer verschwinden können. Nicht waschen!
② Unterdessen das Wasser mit dem Zucker aufkochen und erkalten lassen.
③ Die Holunderblüten vom Stiel schneiden.
④ Die Zitronen waschen und in Scheiben schneiden.
⑤ Die Holunderblüten, die Zitronenscheiben und das Zitronensäurepulver in einen Steintopf geben.
⑥ Das abgekühlte Zuckerwasser darübergießen, umrühren.
⑦ Den Steintopf 6 Tage abgedeckt kühl stellen, täglich einmal umrühren.
⑧ Danach den Sirup abseihen, aufkochen und heiß in Twist-off-Flaschen füllen.

➡ Dieser aromatische Sirup ist sehr konzentriert und wird mit Wasser verdünnt kalt oder heiß getrunken. Er war früher ein beliebtes Erfrischungsgetränk bei der Heuernte.

Holunderblütenlimonade

Zutaten:

5 l Wasser
300 g Zucker
100 ml Obstessig
15–20 Holunderblütendolden
1 unbeh. Zitrone
1 Handvoll Zitronenmelissenblätter
Eiswürfel zum Servieren

Zubereitung:

1. Das Wasser in einen großen Topf gießen.
2. Den Zucker zufügen und unter Rühren auflösen.
3. Essig und Holunderblütendolden zugeben. Bei den Holunderblüten darauf achten, dass sie frei von Insekten sind.
4. Die Zitrone in dünne Scheiben schneiden und hineinlegen.
5. Die Flüssigkeit etwa 20 Stunden an einem warmen Ort ziehen lassen.
6. Die gewaschenen Blätter der Zitronenmelisse zugeben und circa 3 bis 4 Stunden in den Kühlschrank stellen.
7. Das Getränk abseihen und in Gläsern servieren.
8. Nach Belieben können einige Eiswürfel und frische Zitronenmelissenblätter in jedes Glas gegeben werden.

Holunderblüten-Apfel-Gelee

Zutaten:

15 frische Holunderblütendolden
1 TL Ascorbinsäure (Apotheke)
$^{3}/_{4}$ l Apfelsaft
1 kg Gelierzucker

Zubereitung:

1. Die frischen Blüten kurz auslegen oder gut schütteln, damit kleine Insekten verschwinden.
2. Die dicken Stiele entfernen und die Blütendolden in eine Schüssel legen.
3. Die Ascorbinsäure darüberstreuen und mit Apfelsaft begießen.
4. Zugedeckt einen Tag lang stehen lassen.
5. Dann absieben und mit Gelierzucker verrühren.
6. Zum Kochen bringen und 4 Minuten sprudelnd kochen lassen.
7. In Gläser füllen und verschließen.

➡ Optisch verfeinert wird das Gelee, wenn zum Schluss einige Blüten in die kochende Flüssigkeit gestreut werden. Auch hier gilt: Blüten nicht waschen!

Holunderblütenlikör „Sonnengold“

Zubereitung:

① Die Ascorbinsäure im Mineralwasser auflösen.
② Die frischen Holunderblütendolden hineinlegen.
③ 12 bis 15 Stunden ziehen lassen, gelegentlich umrühren, dann abseihen.
④ Den Zucker in die Flüssigkeit rühren, bis er sich aufgelöst hat.
⑤ Die Flüssigkeit abmessen und zu gleichen Teilen mit dem Korn auffüllen.
⑥ In Flaschen füllen und noch 4 Monate im Keller ruhen lassen. Allmählich entwickelt sich in der Likörflasche ein zarter, goldgelber Glanz.

Zutaten:

35 g Ascorbinsäure (Apotheke)
1 l Mineralwasser
15 Holunderblütendolden
700 g Zucker
2 Flaschen Korn (38 %) à 0,7 l

Zutaten:

$^{1}/_{2}$ l Holundersaft
$^{1}/_{4}$ l schwarzer Tee
1 Zimtstange
4–5 Gewürznelken
$^{1}/_{4}$ TL gem. Ingwer
Schale von 1 unbeh. Zitrone
Honig oder brauner Kandis zum Süßen
Zitronensaft

Holunderpunsch ohne Alkohol

Tipp
Möglichst heiß trinken.

Zubereitung:

① Den Holundersaft zusammen mit dem abgeseihten Tee erhitzen.
② Die Gewürze mit der Zitronenschale zugeben und 5 bis 10 Minuten ziehen lassen. Nicht kochen!
③ Nach Belieben mit Honig oder Kandiszucker süßen und mit Zitronensaft abschmecken.

Zutaten:

500 g reife Holunderbeeren
1 l Wasser
500 g Zucker
5 Nelken
3 Zimtstangen

Holunderbeersirup

Zubereitung:

① Die verlesenen, gewaschenen Beeren mit Wasser übergießen und 20 Minuten kochen lassen.
② Den Saft abseihen, den Zucker und die Gewürze hinzufügen und nochmals zum Kochen bringen.
③ 10 Minuten köcheln lassen, dann die Gewürze entfernen.
④ Den Sirup heiß in saubere Flaschen füllen, verschließen und kühl aufbewahren.

Tipp
Dieser Sirup kann vielfältig verwendet werden, zum Beispiel mit Wasser verdünnt als Heiß- oder Kaltgetränk oder als Fruchtsoße zu Milchreis und Vanillepudding.

Zutaten:

1 unbeh. Zitrone
1 kg Holunderbeeren
800 g Zucker
$^{3}/_{4}$ l Wasser
1 Vanilleschote (längs aufgeschnitten)
$^{3}/_{4}$ l Rum (54 %)

Schwarzer Holunderbeerlikör

Zubereitung:

① Die Zitrone schälen und in Scheiben schneiden.
② Holunderbeeren, Zucker, Wasser, Vanilleschote und Zitronenscheiben 20 Minuten kochen.
③ Abseihen und den Rum zugeben.
④ Den Likör heiß in saubere Flaschen füllen und 2 bis 3 Monate im Keller ruhen lassen.

Holunder-Apfel-Gelee

Zubereitung:

① Holunder- und Apfelsaft in einen Topf geben.
② Zitronensaft und Gelierzucker zufügen und mit einem Schneebesen verrühren.
③ Zum Kochen bringen, dabei umrühren.
④ 4 Minuten sprudelnd kochen lassen.
⑤ Den Holunderbeerenlikör zugeben, eventuell abschäumen.
⑥ Heiß in saubere Twist-off-Gläser füllen, sofort verschließen und abkühlen lassen.

Zutaten:

700 ml Holundersaft
300 ml Apfelsaft
Saft von 1 Zitrone
1 kg Gelierzucker
1 Glas Holunderbeerenlikör (nach Belieben)

Holunder-Ebereschen-Konfitüre mit Birnen

Zubereitung:

① Die Beeren und Birnen waschen und abtropfen lassen.
② Die Holunderbeeren und Ebereschenbeeren mit einer Gabel abzupfen.
③ Die Birnen schälen, die Kerngehäuse entfernen und klein schneiden.
④ Alle Früchte in einen Topf geben und mit Zitronensaft beträufeln.
⑤ Das Wasser zugeben.
⑥ Zugedeckt weich dünsten, dabei öfter umrühren und die Früchte leicht zerdrücken.
⑦ Den Gelierzucker zugeben, 4 Minuten kochen lassen.
⑧ Heiß in saubere Twist-off-Gläser füllen und sofort verschließen.

Zutaten:

500 g reife Holunderbeeren
100 g Ebereschen
400 g reife Birnen
Saft von 1 Zitrone
150 ml Wasser
1 kg Gelierzucker

Tipp

Falls keine frischen Holunderbeeren vorhanden sind, kann auch Holundersaft mit etwas Wasser verdünnt verwendet werden.

Holunderbeersuppe (Fliederbeersuppe)

Zutaten:

1 kg Holunderbeeren
1 l Wasser
50–80 g Zucker
1 Zimtstange
2–3 Nelken
3 Äpfel
20–30 g Stärkemehl
Saft von 1 Zitrone

Zubereitung:

① Die gut ausgereiften Holunderbeeren mit einer Gabel von den Dolden abstreifen und waschen.
② Die Beeren mit etwas Wasser rasch weich kochen und durch ein Sieb passieren.
③ Das Fruchtmark mit Wasser auffüllen und mit Zucker, Zimtstange und Nelken zum Kochen bringen.
④ Die Äpfel schälen, in Spalten schneiden und in der Suppe ziehen lassen.
⑤ Das Stärkemehl mit kaltem Wasser anrühren und die Suppe damit binden.
⑥ Die Suppe mit Zitronensaft abschmecken.
⑦ Heiß oder abgekühlt als Kaltschale servieren.

➡ Die heiße Suppe kann mit Grießklößchen serviert werden und die Kaltschale mit Sahnehäubchen. Zu beiden Variationen schmecken „Schneeklößchen“ (siehe folgendes Rezept) besonders gut.

Schneeklößchen nach Großmutters Art

Zubereitung:

① Die Milch mit der gespaltenen Vanilleschote in einem weiten flachen Topf zum Kochen bringen.
② Das kalt gestellte Eiweiß mit einigen Tropfen Zitronensaft zu sehr steifem Eischnee schlagen.
③ Den Puderzucker in den Eischnee sieben und den Eischnee schlagen, bis er sich ballt.
④ Zwei Esslöffel in kaltes Wasser tauchen, damit Klößchen von der steifen Eischneemasse abstechen und in die kochende Vanillemilch setzen.

Tipp
Beim Einlegen der Klößchen in die Milch den restlichen Eischnee bis zur Verwendung wieder kalt stellen.

⑤ Zugedeckt 2 bis 3 Minuten ziehen lassen. Die Klößchen dürfen sich nicht berühren.
⑥ Mit den Löffeln die Klößchen vorsichtig wenden, nochmals zugedeckt 2 bis 3 Minuten ziehen lassen.
⑦ Die Klößchen mit einem Schaumlöffel herausnehmen und auf einem Sieb abtropfen lassen.
⑧ Diesen Vorgang wiederholen, bis alle Klößchen gegart sind.

Zutaten:

3/4 l Milch
1/2 Vanilleschote
2 frische Eiweiß
einige Tropfen Zitronensaft
3 EL Puderzucker

Tipp
Schneeklößchen gelingen nur gut, wenn man frische Eier verwendet und den Eischnee sehr steif schlägt.

Tipp
Die übrige Vanillemilch kann warm oder kalt als Beilage zur Suppe gereicht werden. Nach Belieben mit Zucker abschmecken.

Weißdorn – gut für das Herz

Weißdorn ist eine häufig angewendete Heilpflanze. Der dornige Strauch oder Baum wächst in der Ebene und im Bergland. Wir finden ihn am Waldrand und am Feldrain als Solitärpflanze oder in Form dekorativer Hecken. Die

Kurzinfo

Botanischer Name:	*Crataegus monogyna*
Herkunft:	Europa
Verbreitung:	Europa
Standort:	sonnige Lage, kalkhaltiger oder nährstoffreicher Boden, Hecken, Feldraine, Waldrand, bis zu 1500 Meter über dem Meeresspiegel
Familie:	Rosengewächse (Rosaceae)
Blütezeit:	Mai bis Juni
Höhe:	3 bis 10 Meter
Sammelgut und -zeit:	Blüten und Blätter: Mai bis Juni, Früchte: August bis Oktober
Inhaltsstoffe:	Flavonoide, Amine, Gerbstoffe, Vitamine, Mineralstoffe, ätherische Öle, organische Säuren, Pektin
Volksnamen:	Heckendorn, Hagedorn, Mehldorn, Zaundorn

volkstümlichen Bezeichnungen Hagedorn oder Zaundorn deuten darauf hin, dass Weißdorn früher als „lebendiger Zaun“ für Weiden, Felder oder Gehöfte verwendet wurde. Er ist auch heute noch ein wichtiges Vogelschutzgehölz.
Weißdorn kommt in mehreren Arten vor, neben dem eingriffeligen (monogyna) gibt es auch noch den zweigriffeligen (laevigata) und weitere Unterarten, die medizinisch genutzt werden. Die prächtig weißen Blüten und die spitzen Dornen der Zweige geben der Pflanze den Namen. Im Frühjahr bieten die nektarreichen Blüten Nahrung für Wildbienen und Schmetterlinge. Noch bevor der Weißdorn blüht, erscheinen die dreilappigen, dunkelgrünen Blätter, die am Rande unregelmäßig gesägt sind. Im Herbst zieren leuchtend rote Früchte den Strauch, sie sind mehlig und schmecken säuerlich herb.

Wirkung

Die Komposition aller Inhaltsstoffe macht die positive Wirkung der Pflanze aus. Weißdorn wird bei verschiedenen Herz- und Kreislaufbeschwerden eingesetzt. Im Vordergrund steht die günstige Wirkung bei Altersherzbeschwerden und Abnutzungserscheinungen. Weißdorn belebt, unterstützt den Herzmuskel, fördert die Durchblutung und entkrampft.
Weißdorn eignet sich als Langzeitmittel in Form von Tee oder als Fertigpräparat, sollte jedoch nur in Absprache mit dem Arzt eingesetzt werden.

Alter Volksbrauch

Dem Weißdorn traute man abwehrende Eigenschaften zu, deshalb wurden früher Weißdornzweige über die Stalltür gehängt oder Weißdornsträußchen als Amulett am Hals getragen, um Krankheit von Tier und Mensch fernzuhalten.

Ernte und Verarbeitung

Die Blätter und Blüten werden während der Blütezeit im Mai bis Juni gesammelt und zur Teebereitung schonend getrocknet. Der so gewonnene Tee wird in gut verschließbaren Behältern aufbewahrt. Die roten Steinfrüchte pflückt man, wenn sie reif sind, von August bis Oktober. Sie schmecken säuerlich, herb-süß und haben ein mehliges Fruchtfleisch. Man kann daraus Marmelade und Likör herstellen und sie lassen sich gut mit anderen Früchten kombinieren. Die Früchte sind auch eine begehrte Vogelnahrung.

Altes Sprichwort zum Weißdorn:

„Was im Juli nicht geraten, lässt der September ungebraten."

Weißdornfruchtlikör

Zutaten:

300 g Weißdornfrüchte
3/4 l Korn (38 %)
150 g weißer Kandis (nach Geschmack)
4 Gewürznelken

Zubereitung:

① Die Beeren verlesen, waschen, in eine weithalsige Flasche füllen.
② Korn, Kandis und Nelken zugeben und die Flasche verschließen.
③ 6 Wochen an einem warmen Ort ziehen lassen.
④ Gelegentlich schütteln.
⑤ Den Likör absieben und in eine schöne Flasche oder Karaffe füllen.

Weißdorn-Melissen-Wein

Zubereitung:

① Die Weißdornblüten und Zitronenmelissenblätter in eine weithalsige Flasche geben.
② Den Wein über die Blüten und Blätter gießen, sodass alles bedeckt ist.
③ Die Flasche verschließen und auf die Fensterbank stellen.
④ Täglich einmal schütteln.
⑤ Nach 10 Tagen den Wein absieben und in saubere Flaschen füllen.

Zutaten:

2–3 Handvoll frische gepflückte Weißdornblüten
1 Sträußchen Zitronenmelisse
3/4 l Weißwein

Tipp

Von diesem „Herzwein" täglich kurmäßig ein bis zwei Likörgläser trinken. Alkoholgehalt beachten!

Weißdorntee

Zubereitung:

① Die Teemischung in eine Tasse geben und mit kochendem Wasser überbrühen.
② 15 Minuten ziehen lassen und absieben, nach Belieben mit Honig süßen.
③ 2 bis 3 Tassen Tee pro Tag trinken.

➡ Dieser Tee stärkt die Herz- und Kreislauffunktion. Er wirkt nur langfristig, sodass eine Teekur über 6 bis 8 Wochen durchgeführt werden sollte.

Zutaten:

2 TL getr. Weißdornblüten und -blätter
1/4 l kochendes Wasser
Honig nach Geschmack

Weißdornblütenhonig

Zutaten:

2 Handvoll frische Weißdornblüten
500 g Honig
$^{1}/_{2}$ Zimtstange
1 Gewürznelke

Zubereitung:

1. Die frischen Weißdornblüten in ein Schraubglas geben.
2. Den Honig einfüllen und die Gewürze zugeben.
3. Gut umrühren und das Glas verschließen.
4. 3 bis 4 Wochen an einen warmen Platz stellen.
5. Den Honig im Wasserbad vorsichtig erwärmen, dann durch ein Sieb filtern.

➡ Ein herzstärkender Honig.

Weißdornbeerenmus

Zutaten:

1 kg reife Weißdornbeeren
Wasser

Zubereitung:

1. Die gut ausgereiften roten Beeren verlesen, waschen, in einen Topf geben.
2. Mit Wasser bedecken.
3. Die Beeren 10 Minuten kochen, bis sie weich sind.
4. Die gekochten Beeren durch ein Sieb streichen, die Steine entfernen.

Tipp

Weißdornbeerenmus pur schmeckt herb, es lässt sich aber gut mit anderen Früchten kombinieren, zum Beispiel mit Äpfeln, Quitten, Holunderbeeren, Ebereschen und Schlehen, und zu Marmelade und Konfekt verarbeiten.

Tipp

Das fertige Konfekt kann man in Vanillezucker wenden oder in geschmolzene Bitterschokolade tauchen.

Weißdorn-Quitten-Konfekt

Zubereitung:

① Die Weißdornbeeren verlesen, waschen.
② Die Quitten waschen, dünn schälen, klein schneiden.
③ Die Früchte und die Zimtstange in einen Topf geben, mit Wasser bedecken und weich kochen.
④ Durch ein Sieb passieren.
⑤ Das Fruchtmus abwiegen, die gleiche Menge Zucker zugeben.
⑥ Aufkochen lassen, dabei umrühren.
⑦ Ein Backblech mit Pergamentpapier belegen. Die Masse 1 Zentimeter dick aufstreichen.
⑧ 2 bis 3 Tage an einem warmen Ort trocknen lassen.
⑨ In kleine Stücke schneiden oder ausstechen.

Zutaten:

400 g Weißdornbeeren
600 g Quitten
1 Zimtstange
Wasser
Zucker

Zutaten:

500 g Weißdorn-beerenmus
500 g Holunder-beerensaft
Saft von 1 Zitrone
1 kg Gelierzucker

Weißdorn-Holunder-Marmelade

Zubereitung:

① Das Weißdornbeerenmus mit Holunderbeeren- und Zitronensaft mischen.
② Mit Gelierzucker nach Packungsanleitung zu Marmelade kochen.
③ In saubere Twist-off-Gläser füllen und verschließen.

Tipp

Statt Holunderbeerensaft kann auch Sanddorn- oder Apfelsaft verwendet werden.

Weißdorn-Apfel-Marmelade

Zubereitung:

① Die Beeren verlesen, waschen.
② Die Äpfel waschen, schälen, in Würfel schneiden.
③ Die Früchte mit wenig Wasser circa 15 Minuten kochen.
④ Durch ein Sieb rühren.
⑤ Das Mus abwiegen.
⑥ Den Zucker zugeben (die Hälfte des abgewogenen Musgewichts).
⑦ 10 Minuten kochen lassen.
⑧ Heiß in saubere Gläser füllen.

Zutaten:

1 kg Weißdornbeeren
1 kg Äpfel
1 kg Zucker

Wildfruchtmarmelade „Winterzauber"

Zubereitung:

① Den Schlehensaft und das Weißdornmus in einen Topf geben.
② Die Gewürze und den Gelierzucker zugeben.
③ Alles gut verrühren.
④ Die Flüssigkeit unter Rühren zum Kochen bringen.
⑤ 4 Minuten sprudelnd kochen lassen, dabei abschäumen.
⑥ Heiß in saubere Twist-off-Gläser füllen und gut verschließen.

Hinweis:
Selbst im November oder Dezember kann man bei einem Spaziergang noch Weißdornfrüchte pflücken. Es lohnt sich, denn Aroma und Farbe dieser Marmelade sind exzellent.

Zutaten:

500 ml Schlehensaft
500 g Weißdornmus
$^1/_2$ TL gem. Zimt
$^1/_2$ TL gem. Ingwer
1 Msp. gem. Nelken
1 kg Gelierzucker

Alphabetisches Rezeptregister

Schlemmen wie auf dem Lande mit den Kochbüchern aus der Landküche

LAMM-REZEPTE
144 Seiten
farbig, gebunden
ISBN 978-3-86127-883-2

GEWÜRZE
144 Seiten
farbig, gebunden
ISBN 978-3-8404-3506-5

SCHLEMMEREIEN VOM RIND
144 Seiten
farbig, gebunden
ISBN 978-3-86127-885-6

– Leckere Rezepte aus der Landküche –

LECKERES VOM GEFLÜGEL
144 Seiten
farbig, gebunden
ISBN 978-3-8404-3505-8

GEMÜSE QUERBEET
144 Seiten
farbig, gebunden
ISBN 978-3-86127-880-1

KRÄUTERSCHÄTZE
192 Seiten
farbig, gebunden
ISBN 978-3-8404-3504-1

CADMOS

Cadmos Verlag GmbH · Möllner Straße 47 · 21493 Schwarzenbek
Telefon 04151 87 90 7-0 · Telefax 04151 87 90 7-12
Besuchen Sie uns im Internet: **www.cadmos.de**